KB200904

영적 가장이 필요한 가정

- 가정예배 인도가이드 -

영적 가장이 필요한 가정 - 가정예배 인도가이드

지은이 | 임학용
발행일 | 초판 2022년 4월 25일
등록 | 2001.05.02.(제 4-423)
등록된 곳 | 서울시 마포구 잔다리로7길 31 교육관 503호
발행처 | 소그룹하우스
발행인 | 이상화
편집 | 김태연
표지디자인 | 바룸디자인
내지디자인 | 김건일
영업부 | 070-7578-2957
총판 | 국제제자훈련원(02-3489-4300)
값 : 10,000원
ⓒ도서출판 소그룹하우스 2005
ISBN 978-89-91586-27-7 (03230)

한국소그룹목회연구원
한국소그룹목회연구원은 한국 교회가 건강한 소그룹을 통하여 건강하고 균형잡힌 교회를 이룰 수 있도록 돕는 소그룹 사역 전문기관입니다.

소그룹하우스
소그룹하우스는 건강한 소그룹을 통해 건강한 교회를 이루고자 하는 모든 교회들이 필요로하는 소그룹 소프트웨어와 자료들을 공급하기 위해 설립되었습니다.

영적
가장이
필요한**가정**

가정예배 인도가이드

임 학 용

소그룹하우스

| 목차

| 추천사 |

건강한 영적 가장이
한국 교회에 계속 세워지길 소망하며

  목회를 하는 과정에서 여러 성도를 만나게 되고 성도의 수만큼 다양한 형태의 가정을 마주하게 됩니다. 부모님은 깊은 신앙을 가졌지만 그 자녀는 믿음을 잃어버리고 있는 가정이 있는 반면 오히려 자녀들은 하나님을 신뢰하는 위치에 서 있지만 부모님이 믿지 않는 가정도 있습니다. 그러나 한 가지 확실한 것은 먼저 하나님을 믿고 나머지 가족을 믿음으로 세우기 원하는 영적 가장이 있는 가정은 결코 흔들리지 않고 계속해서 하나님이 기뻐하는 가정천국으로 자라간다는 것입니다.

  그런 연유로 항상 성도들과 나누는 말씀 속에서 각 가정에서 누가 되었든지 하나님 보실 때 신실한 영적 가장이 되는 것이 무엇보다 중요하다는 것과 영적 가장이 흘리는 눈물의 기도의 방향대로 그 가정은 성숙한 가정으로 서 간다는 것을 강조합니다. 그래서 늘 영적 가장을 세우는 일에 집중합니다.

  그런데 영적 가장을 세운다는 것은 선언만 한다고 되는 일은 결코 아니라는 것을 늘 절감합니다. 특히 코로나19 팬데믹 이라는 전대미문의 사태를 경험하면서 공적 예배를 자유롭게 드릴 수 없는 상황 속에 직면하게 되자 가정예배를 회복시키고 역동적으로 인도할 수 있는 영적 가장을 든든히 세우는 사역의 중요성은 더욱 중차대해졌습니다. 그래서 깊은 기도와 고민 끝에 생명공동체인 서현교회에서는 영적 가장들을 바로 세우고 가정예배의 중요성을 강조만 하는 것이 아니라 실질적으로 돕기 위해 2020년 9·10월호를 시작으로 『찐QT』를 정기간행물로 창간했습니다.

월간지를 창간하고 제작하는 일을 해본 경험이 있는 터라 사실 정기간행물을 지속적으로 낸다는 것에 대한 두려움이 있었습니다. 그러나 예배당에서 온 성도들이 함께 모이는 공적 예배 자체가 제한 받는 상황 속에서 가정예배가 살지 않으면 안 된다는 절박감이 결국 정기간행물인 『찐QT』를 창간할 수밖에 없도록 몰아갔습니다. 창간 이후 가정예배지가 원활하고 지속적으로 각 가정에 공급되었습니다. 그 결과 개인의 영성은 물론이고, 온 가족들의 경건생활을 정기적으로 유지할 수 있는 가정예배가 서서히 안착되기 시작했습니다. 그리고 가정예배의 역동성은 교회 내 소그룹인 사랑방의 역동성으로, 또 공적 예배에 대한 기쁨과 영적 공동체인 교회의 선교적 사역을 감당하는 원동력으로 작용하는 것을 확인할 수 있었습니다.

가정에서 영적 가장들이 인도하는 가정예배지의 공급원이 된 『찐QT』에는 두 가지 종류의 가정예배 순서지인 '찐타임'과 '가정예배지'를 담았습니다. '찐타임'은 미취학아동을 두고 있는 가정들을 위한 활동력 있는 예배지로, '가정예배지'는 온 가족이 함께 가정예배를 드릴 수 있도록 집필된 예배지입니다.

『찐QT』가 계속 출간되는 과정에서 그런데 한 가지 고민이 생겼습니다. 준비된 가정예배지를 가지고 좀 더 집중력 있고 효과적으로 가정예배를 인도할 수 있는 방법이 없겠느냐는 영적 가정들의 요청에 직면한 것입니다. 그래서 본서를 내놓게 되었습니다. 본서는 『찐QT』에 들어있는 가정예배지를 사용하든지 아니면 다른 가정예배지를 사용하든지 우리 가정이 조금이라도 더 하나님이 기뻐하시는 예배자 가정이 되기를 소원하는 영적 가장들이 누구나 읽고 적용하면 좋을 내용으로 집필되었습니다.

본서를 집필한 저자 임학용 목사는 저와 함께 『찐QT』를 고민하고 준비하며 지금의 모습이 나올 수 있도록 기획하고 연구한 서현제자훈련원의 총괄사역자입니다. 제가 담임목사로 섬기고 있는 서현교회는 물론이고 나아가 한국교회의 실질적 필요와 어려움을 돕기 위해 계속해서 고민하고 연구하는 동역자입니다. 이번에 출간하는 『영적 가장이 필요한 가정』이 가정예배를 통해 믿음의 가정을 더욱 단단하게 성장시키려는 영적 가장들과 한국교회 가정예배의 새로움을 위해 애쓰는 동역자들에게 꼭 필요한 통찰을 제공하는 귀한 자료가 되리라 의심하지 않아서 추천을 드립니다.

실제로 임학용 목사는 그 누구보다 먼저 가정예배를 세우기 위해 매일 저녁 아직 초등학교를 입학하지 않은 딸과 아들을 붙잡고 씨름하고 있습니다. 가정을 천국 공동체로 세우는 것의 중요성을 누구보다 절실히 인식하고 준비했기에 이 책을 읽는 모든 독자들 역시 가정에 대한 사랑과 고민을 함께 느낄 수 있을 것입니다.

이 책의 한 장 한 장 챕터와 내용의 목적은 뚜렷합니다. 그리스도 복음의 빛이 가정에 어떻게 비춰질 수 있고 이를 위해 영적 가장이 어떻게 말씀 안에서 준비되어야 할지 실천적 입장에서 저술했습니다. 읽고 느낀 것을 가정에서 적용하기 시작한다면 그것만으로도 가정에 분명한 변화가 일어날 것입니다.

많은 이들이 사랑하는 책이 되어 한국교회에 큰 도움이 되길 바라는 마음으로 추천드립니다.

**이 땅의 모든 그리스도인의 가정이 가정예배로
날마다 더 빛나는 가정천국이 되기를 소원하며**

2022년 4월 1일
서교동 언덕위 잔다리로 서현교회 목양실에서
이상화 드림

| 들어가는 글 |

'어머니' 32% '교회학교 교사' 6%

이 숫자는 무엇을 의미할까요? 목회데이터연구소의 통계 자료에 의하면 "자녀의 신앙에 가장 영향을 준 사람은 누구입니까?"라는 질문에 어머니라고 답한 비율이 32%, 교회학교 교사라고 답한 비율이 6%로 나타났습니다. 부모가 모두 기독교인인 경우 아버지의 영향력이 23%로 나타났습니다. 그 뒤를 이은 응답이 목회자로 비율은 13%였습니다.

이 지표는 가정 안에서 이루어지는 신앙 교육이 얼마나 중요한지 확인할 수 있는 결과입니다. 특별히 외부적인 요인으로 교회 출석 자체가 어려워질 수 있는 현실을 경험한 이후 신앙 교육의 무게추는 가정으로 급격히 기울어졌습니다. 교회 출입이 어려워지고 등교는 막힐지라도 가정은 항상 열려 있기 때문입니다.

가정에 꼭 필요한 '믿음의 가장'

가정에는 가장이 있습니다. 가장의 역할은 매우 중요합니다. 가장은 가족의 생계 뿐 아니라 가족의 신앙도 책임져야 합니다. 온 가족은 언제나 가장의 손과 발, 입술을 바라보기 때문입니다.

가족을 위해 구슬땀을 흘리는 손, 가족의 신앙을 위해 기도하는 손, 가족을 축복하기 위해 높게 드는 손을 바라보며 가족은 믿음으로 세워집니다. 하나님과 동행하는 가장의 발걸음을 온 가족이 주목합니다. 그리고 가장이 걸어가는 믿음의 발걸음을 따라가기로 결단합니다. 가장의 입술에서 흘러나오는 모든 말에 온 가족은 귀를 기울입니다. 하나님을 향한 기도의 입술, 하나님의 마음으로 온 가족을 축복하는 입술, 그리스도의 심장으로 가족을 격려하고 견인하는 따뜻한 입술로 인해 가정은 어떠한 어려움에도 결코 흔들리지 않습니다.

지금은 견고한 믿음을 소유한 가장이 필요합니다. 이 책을 들고 있는 이들 모두가 믿음의 가장으로 우뚝 서기를 소망합니다.

믿음의 가정은 곧 '작은 천국 공동체'

부모와 자녀 간의 막힌 담을 허물고 믿음 안에서 서로를 축복하는 믿음의 가정을 꿈꾸어 봅니다. 우리 가정에 주의 영이 임할 때 자녀들은 예언하고, 청년들은 환상을 보고 아비들은 꿈을 꾸게 될 것입니다. 자녀 신앙에 가장 큰 영향을 주는 존재는 부모입니다. 지식이나 기술이 아닌, 믿음의 눈으로 삶을 바라보는 자세와 살아가는 방식을 가르

11

쳐줄 수 있는 유일한 존재는 부모입니다. 부모와 자녀가 함께 성장할 수 있는 곳이 바로 가정입니다. 하나님께서 주신 지혜로 자라는 자녀, 함께 하나님 나라를 꿈꿀 수 있는 부모가 있는 가정이 '작은 천국 공동체'입니다. 지금은 믿음의 가장이 든든히 세워가는 믿음의 가정이 필요한 때입니다.

온 가족이 믿음으로 성장하는 '가정예배'

"가정 안에서 신앙 교육을 할 수 있는 방법은 무엇일까?"
"부모는 어떻게 경건 훈련을 받을 수 있을까?"

필자는 이 모든 질문에 대한 해답이 '가정예배'라고 확신합니다. 가정은 학교의 개념과 완전히 다릅니다. 편안히 앉아 스마트폰을 만지고 있는 자녀를 책상 앞에 앉혀두고 보드판을 꺼내어 주입식 교육을 하는 것만큼 불편한 상황이 있을까요? 그렇게 할 수도 없을 뿐더러, 그렇다 하더라도 어색함에 어떠한 교육도 이루어질 수 없습니다. 그러나 온 가족이 함께 시간을 구별하여 가정예배를 드리는 시간을 약속한다면 상황은 완전히 달라집니다. 예배로 모이기에 우선 몸가짐부터 달라집니다. 가족이 각자의 일상을 살다가 가정예배 드리는 시간이 되면 한자리에 자연스럽게 둘러앉게 됩니다. 신앙 교육을 위한 장이 마련된 것입니다.

부모가 가정예배를 준비하기 위해서는 자녀보다 먼저 말씀을 묵상하고 기도하는 자리로 나아가야 합니다. 가정예배는 부모가 인도하는 예배입니다. 그 누구에게도 맡길 수 없습니다. 만약 부모가 말씀 묵상과 기도 생활을 하지 않는다면 가정예배를 어떻게 인도할 수 있겠습니까? 가정예배를 통해서 가족의 믿음을 견인하기 원한다면, 부모가 먼저 준비되어야 합니다. 가정예배가 믿음 안에서 바로 서 있다는 것은 부모와 자녀가 하나님께서 주신 은혜 안에서 계속 성장하고 있다는 의미입니다. 좋은 나무가 아름다운 열매를 맺을 수 있습니다.

이를 위해 온 가족이 구슬땀을 흘려야 합니다. 의지를 가지고 시간을 떼어 구별해야 합니다. 말씀 보고 기도하는 것에 게을리해서도 안 됩니다. 지금 당장 우리 가정에 큰 변화가 없는 것처럼 보일지라도 수고해야 합니다. 지금 '들어가는 글'을 보고 있는 모든 독자들에게 이 같은 결단이 있기를 소망합니다.

우리가 선을 행하되 낙심하지 말지니 포기하지 아니하면 때가 이르매 거두리라 그러므로 우리는 기회 있는 대로 모든 이에게 착한 일을 하되 더욱 믿음의 가정들에게 할지니라(갈 6:9-10)

1장

우리 가정 신앙 교육은
안녕하십니까

모든 삶의 출발점, 가정

　모든 공동체의 시작은 가정이다. 가정 안에서 한 사람이 태어나고 성장하는 과정을 밟는다. 가정 안에서 배우고 익힌 것들로 한 사람이 인격적으로 성숙해진다. 이렇게 세워진 한 사람은 건강한 시민으로 사회 구성원이 된다. 세 살 버릇이 여든까지 간다는 속담이 있다. 그렇다면 세 살 버릇을 어디에서 바르게 배울 수 있을까? 바로 가정이다. 밥 먹는 습관, 잠자는 습관, 사람과 대화하는 특징 모두 가정 안에서 최초로 형성된다. 내가 지금 가지고 있는 습관 - 좋은 것이든, 좋지 않은 것이든 - 은 대부분 가정 안에서 습득한 것이다.

　"우리 가정은 항상 행복하고 웃음꽃이 피어났으면 좋겠어요."

세상에 존재하는 모든 가정이 꿈꾸는 이상이다. 이 말을 다시 한번 생각해보면 현재 우리 가정의 모습은 항상 행복하지 않고 웃음꽃이 피어나지 않다는 것을 의미한다. 물론 항상 좋은 일만 있는 것은 아니다. 그러나 마른 떡 한 조각만 있어도 화목한 가정이 있는 반면, 제육이 집에 가득하고도 다투는 가정이 있다. 결국 우리가 생각하는 가정의 이상은 외적인 요소에 큰 영향을 받지 않는다. 가족이 어떤 모습으로 가정 안에서 바르게 서 있는지가 더욱 중요하다.

아내는 남편을 존경하고 남편은 아내를 사랑해야 한다. 부모는 자녀를 주의 교훈과 훈계로 양육하고 자녀들은 주 안에서 부모에게 순종해야 한다. 에베소서를 통해 바울이 성도들에게 권면하는 가정의 모습이다.

그러나 우리의 가정 현실은 어떠한가? 통계청에 따르면 대한민국에서 하루에 약 300쌍의 부부가 이혼 서류에 도장을 찍는다. 2020년 기준으로 경제협력개발기구(OECD) 회원국 중 대한민국이 이혼율 9위로 아시아에서는 1위이다. 이혼 사유 1위가 무엇인지는 이미 짐작하고 있을 것이다. 그것은 바로 '성격 차이'이다. 부부가 각자 다른 환경에서 거의 30년 넘게 지내다가 만나서 결혼을 하고 가정을 이루었는데 성격 차이가 있는 것은 당연하다. 그런데 이 이유가 이혼 사유 1위이다. 아내는 남편을 존경하고 남편은 아내를 사랑하는 부부의 모습이 점차 사라지고 있다.

일그러진 부모의 모습은 자녀에게 그대로 영향을 끼친다. 공교육이 무너졌다고 하지만 이는 무너진 가정 교육의 도미노 현상일 뿐이다. 학교 폭력의 수위는 갈수록 높아지고 잔인해진다. 신문 기사와 뉴스를 보며 "어린 나이에 어떻게 저럴 수 있지?"라고 혀를 내두를 때가 한두 번이 아니다. 그러나 가만히 문제의 원인을 찾다 보면 그 끝에는 무너진 가정이 있다.

성경의 말씀대로 가족이 각자의 역할에 최선을 다한다면 가정은 바르게 세워질 수 있다. 특별히 부모가 건강하게 바로 서야 자녀도 바르게 성장한다. 사실 이것을 모르는 사람이 누가 있을까? 모두가 이미 너무 잘 알고 있는 정답이다. 이제는 우리 모두가 알고 있는 정답을 복잡하게 엉켜버린 가정 문제에 대입시킬 때다. 가정을 바르게 세우기 위한 대안을 찾기 위해 이 책을 대하는 성도들이 먼저 결단해보자. 우리 가정을 위해 내가 먼저 구슬땀을 흘려야 한다. 전문가가 우리 가정의 문제를 진단해 줄 수 있을지 몰라도 해결해 줄 수는 없다. 내가 가정을 소중하게 생각하지 않으면 그 누구도 우리 가정을 소중하게 생각해주지 않는다. 가족 중 누군가를 탓할 필요도 없다. 우리 가족은 사랑으로 묶인 존재들이다. 지금은 가족 모두가 마음과 뜻을 모을 때다. 주어진 역할에 최선을 다하는 서로에게 항상 격려하며 축복해보자.

우리 가정이 온전히 세워지기 원하는가? 우리 가정의 위기를 넘어 위기에 빠진 이웃의 가정에 손 내밀 수 있는 가정으로 성숙하기 원하는가? 오직 하나님 안에서만 답을 찾을 수 있다. 이를 위해 우리는 하나님의 말씀을 집어 들어야 한다. 우리가 읽은 말씀을 밝히 깨달을 수 있도록 성령 하나님의 은혜를 간구해야 한다. 깨달은 말씀을 적용할 수 있도록 믿음의 담력도 구해야 한다. 이것이 바르게 세워진 '기독교 가정'의 모습이다. 이것이 가정 회복의 첫 걸음이다.

우리 가정의 유일한 주인, 하나님

기독교 가정이란 그리스도를 주로 모시고 하나님의 명령 아래서 가장 친근한 친교 관계를 이루고 있는 사회적 단위[1]이다. 동시에 기독교 가정은 하나님의 형상대로 지음을 받고, 예수 그리스도 안에서 자유롭게 된 인간이 그의 구주를 위하여 봉사하는 곳이며 성령이 주신 은사

---

1) George M. Schreyer 『신학과 기독교 교육』, 채위 옮김 (서울: 대한기독교 교육협회, 1970), 243.

를 사용하는 곳[2]이다.

위의 정의를 토대로 기독교 가정의 핵심은 아래와 같이 정리할 수 있다.

첫째, 기독교 가정은 하나님만이 우리 가정의 유일한 주인이심을 고백하는 가정이다. 기독교 가정은 하나님의 인도하심에 순종하기로 결단하는 가정이다. 하나님께 순종하기로 결단하는 가정은 성령의 도우심으로 주신 말씀을 깨달을 수 있다. 신실하신 하나님께서 언약 안에서 책임져 주시는 은혜를 날마다 경험할 수 있으니 언제나 기쁨과 평강을 누릴 수 있다.

둘째, 기독교 가정은 하나님의 말씀을 힘써 배워야 할 의무가 있다. 동시에 하나님의 은혜를 간구하는 기도의 자리에 헌신해야 할 책임도 있다. 이 의무와 책임을 다할 때 가족 모두는 성경의 가르침대로 일상을 살아갈 수 있다. 하나님께서는 기독교 가정에 복 주시고, 이 은혜가 이웃에게 전달되기 원하신다. 우리 가정이 기독교 가정으로 잘 세워지기 원하는가? 이웃에게 소망의 빛을 주기 원하는가? 말씀과 기도로 철저히 훈련받아야 한

---

2) Harvie M. Conn 『개혁주의 신학과 신앙』 (서울: 예수문서 선교회, 1979), 387.

다.

셋째, 기독교 가정은 반드시 믿음의 세대 계승이 있어야 한다. 부모의 믿음이 자녀들에게 자연스럽게 흘러가야 한다. 부모는 믿음으로 살고, 자녀에게 믿음의 삶을 강권해야 한다. 부모는 자녀들이 믿음의 고백으로 문답을 마치고 세례/입교인이 될 수 있도록 힘써 견인해야 한다. 그리스도의 죽으심과 부활하심을 기념하는 성찬에 가족 모두가 적극 동참해야 한다. 가정에 믿음을 주시고 영생의 소망을 누릴 수 있도록 인도하시는 하나님의 은혜에 감사하며, 예수께서 보여주신 사랑으로 서로를 위해 중보해야 한다. 이것이 바로 말씀의 반석 위에 온전하게 세워진 기독교 가정의 모습이다.

후탁성도라는 말이 있다. 일주일 내내 성경을 펴지 않다가 주일이면 교회를 가기 위해 성경 위에 쌓여 있는 먼지를 "후" 하고 불고 손으로 "탁" 털어버리는 성도를 의미한다. 하나님께서 기뻐하시는 성도의 모습일까? 가정도 마찬가지이다. 주일에 온 가족이 1시간 남짓 예배한 후 가정으로 돌아가 성경을 덮어놓고 일주일을 보낸다면 그 가정을 기독교 가정이라 말할 수 있을까? "우리 가정은 교회 다니는 가정인데 왜 하나님께서 약속하신 은혜를 경험하지 못할까?" 앞서 살펴본 기독교 가정의 특징이 우리 가정에 있는지 여부를 정직하게 돌아보면 정답을 금방 확인할 수 있다.

하나님이 주인이신 가정, 신앙 교육의 출발지

앞 장에서 기독교 가정은 하나님을 믿는 믿음의 고백과 말씀 위에 세워진 가정이라고 정의하였다. 기독교 가정이 믿음을 가지고 말씀 안에서 하나님의 뜻을 발견하기 위해 기도하는 것은 당연하다. 기독교 가정은 말씀대로 가정을 세워갈 때 받게 되는 하나님의 은혜를 사모해야 한다. 그렇기 때문에 가족 모두는 말씀을 힘써 배워야 한다. 부모는 자녀들에게 믿음의 유산을 반드시 넘겨주어야 한다. 이웃에게 선한 영향력도 미쳐야 한다. 지금까지 나열한 기독교 가정의 소명 중 하나라도 이루어지고 있지 않다면 기독교 가정에 위기가 찾아온 것이다. 다시 한번 강조한다. 단 하나라도 이루어지고 있지 않으면 그것이 바로 위기이다.

그렇다면 현대 기독교 가정이 겪고 있는 위기의 이유는 무엇일까?

첫째, 기독교 가정 안에서 말씀 교육이 사라져 버렸다.

가정은 가장 중요한 교육 기관이며 부모의 자녀 교육은 하나님께서 위임하신 중대한 의무[3]이다. 교회와 학교가 말씀 교육의 일부는 감당할 수 있지만 결코 가정 안에서 이루어지는 말씀 교육을 완전히 대신할 수 없다. 자녀들이 가정에서 보내는 시간은 교회와 학교에서 보내는 시간보다 훨씬 많다. 천재지변과 전 세계적인 팬데믹(pandemic)으로 교회와 학교가 언제든 셧다운(shutdown)될 수 있다는 것을 우리는 충분히 경험했다. 결국 자녀들이 하나님을 알아가는 지식과 믿음으로 동행하는 삶을 지속성 있게 교육할 수 있는 지구상 유일한 공동체는 가정뿐이다.

가정에서 말씀을 배우는 또 다른 장점은 '생동감'이다. 자녀들은 하나님의 말씀에 온전히 순종하는 부모의 삶에서 살아계시는 하나님을 볼 수 있다. 기독교 가정만이 가질 수 있는 최고의 교육 방식이다. 그러나 이 장점이 점차 사라지고 있다. 가족 구성원의 숫자는 점점 축소되고 있다. 사회 각 분야가 전문적으로 발전됨에 따라 전문화된 학교도 세워졌다. 분주한 삶에 치여 경건 생활을 유지하지 못한 부모는 자녀에게 믿음의 삶을 가르칠 힘을 상실해버렸다. 전문화된 정규 교육 기관에 자녀들의

---

3) 지원용, 『루터의 사상: 신학과 교육』 (서울: 컨콜디아, 1961), 196-197.

교육을 맡길 수 있다. 그러나 신앙 교육마저 교회에 일임해버리고 가정 안에서는 어떠한 신앙 교육도 하지 않는 기독교 가정에 위기가 찾아오는 것은 당연한 것 아닐까? 산술적으로 계산해보자. 하루 24시간, 일주일 168시간 동안 교회에서 우리의 자녀들이 말씀 교육을 받을 수 있는 시간은 길게 잡아도 2시간이다. 자녀들이 교회에서 배운 2시간의 말씀 교육으로 166시간 동안 믿음의 삶을 살아낼 수 있을까? 그 누구도 이 질문에 긍정적으로 대답할 수 없다.

둘째, 온라인 시대를 맞이하며 가정의 분위기 자체가 바뀌었다. 선순환을 이룰 수 있는 가정에 관련된 연구 자료와 기사가 어느 순간 급감하게 된 시점은 2010년이다. 그 때는 스마트폰 보급률이 급속도로 확산되는 시점이었다. 내 손안에 들어온 스마트폰을 통해서 비대면 관계가 형성되고, 세상의 모든 지식을 쉽게 습득할 수 있게 되었다. 기독교 가정만이 가졌던 좋은 특징도 사라지기 시작했다. 가족 간 신앙생활에 대한 대화가 사라졌다는 것은 서로의 기도제목조차도 모르는 단절을 의미한다. 소통의 부재로 생긴 빈자리는 온라인을 이용해서 급속도로 채워졌다. 부모는 일방적으로 쏟아지는 컨텐츠 가운데 자녀들이 바르게 선택할 수 있는 신앙적 기준을 제시해주지 못했다. 자녀들에게 말씀으로 바른 기준을 세우는 중요성은 신명기 말씀을 통해서 확인할 수 있다.

> 이스라엘아 들으라 우리 하나님 여호와는 오직 유일한
> 여호와이시니 너는 마음을 다하고 뜻을 다하고 힘을 다
> 하여 네 하나님 여호와를 사랑하라 오늘 내가 네게 명하
> 는 이 말씀을 너는 마음에 새기고 네 자녀에게 부지런히
> 가르치며 집에 앉았을 때에든지 길을 갈 때에든지 누워
> 있을 때에든지 일어날 때에든지 이 말씀을 강론할 것이
> 며 너는 또 그것을 네 손목에 매어 기호를 삼으며 네 미
> 간에 붙여 표로 삼고 또 네 집 문설주와 바깥 문에 기록
> 할지니라(신 6:4-9)

잠언 기자는 마땅히 행할 길을 자녀들에게 가르칠 때
자녀들은 늙어도 그 길을 떠나지 않을 것이라고 분명히
말씀하고 있다. 결국 기독교 가정의 위기는 자녀를 향한
부모의 신앙 교육 부재에 있다. 문제가 분명해졌으면 해
답도 분명하다. 먼저 부모가 하나님 안에서 경건한 삶을
살아야 한다. 경건한 부모가 자녀들에게 신앙생활을 가
르칠 수 있다. 가정 안에서 바르게 말씀을 교육할 수 있
는 방법은 무엇일까? 다음 장에서 이 답을 함께 찾아보
자.

가정을 믿음으로 세우는 장, 가정예배

기독교 가정은 하나님께 대한 최초의 교육 기관이고, 인격적 요람이며, 잠재적인 가장 위대한 교사이고, 선교 기관이며, 문화의 교환자이고, 악에 대한 장벽이며, 교회의 방파제[4]이다. 기독교 가정에서 이루어지는 신앙 교육의 특별함이 바로 여기에 있다. 경건한 부모의 삶은 그 자체만으로 자녀들에게 생생한 교보재가 된다. 가정 안에서 신앙 교육이 얼마나 중요한지 성경과 역사는 분명히 증언하고 있다.

1) '말씀을 자녀에게 가르치라'는 하나님의 명령

하나님께서는 아담 이후 노아 가정을 중심으로 새 언약을 세우셨다. 이후 아브라함에게 찾아가셔서 땅과 자손을 주시겠다고 약속하셨고, 아브라함은 믿음으로 순종했다. 언약에 신실하신 하나님께서 한 가정을 세우시고 이스라엘이라는 민족이 이루어졌다. 결국 이스라엘

---

4) Oscar E. Feucht ed. by Roy B. Zuck & Gen A. Gets, "The Christian Family in Today's World," Adult Education in the Church, 248. 이정관, "현대 가정의 변화가 가정에서의 청소년 기독교 교육에 미치는 영향과 그 대안", 「신학과 실천」, 제 27호, 2011, 289에서 재인용.

의 시작은 족장들이 하나님께 보인 순전한 믿음이었다.

하나님께서는 출애굽과 광야 시기를 지내는 이스라엘에게 반드시 절기를 지키라고 명령하셨다. 이스라엘은 하나님께서 주신 구체적인 방식을 따라 가정 안에서 철저히 절기를 지켰다. 하나님께서 절기를 이토록 강조하신 이유는 무엇인가? 특별히 가정 안에서 절기를 지켜라고 명령하신 이유는 무엇인가? 절기의 특징에서 그 이유를 찾아볼 수 있다. 유월절을 지킴으로 이스라엘은 하나님의 크신 구원을 항상 기억할 수 있다. 장막절을 지킴으로 광야 40년 세월 동안 경험한 하나님의 신실하신 인도하심을 기념할 수 있다. 번제와 화목제, 속죄제와 속건제 등 다양한 제사를 통해 하나님의 백성다운 거룩한 삶을 배울 수 있다. 결국 절기를 통해 이스라엘은 가정 안에서 생생한 신앙 교육을 이어갈 수 있다. 외적인 어려움에도 믿음이 계승될 수 있는 가장 확실한 방법은 가정 안에서 절기를 기억하고 지키는 것이다.

구약의 전통은 신약 시대에서도 계속 이어졌다. 초대교회 시대의 가정은 예배와 성도의 교제를 위한 모임의 현장이었을 뿐 아니라 부모들이 자녀를 주의 말씀으로 훈련하고 훈계하는 신앙적 양육의 책임이 주어진 곳[5]이다. 교회가 잘 정비되고 제도화됨에 따라 가정 안에서의

---

5) 은준관, 『기독교교육 현장론』 (서울: 대한기독교출판사, 1988), 59.

신앙 교육이 교회의 영역으로 넘어간 것은 사실이다. 그러나 믿음을 가진 부모가 책임을 가지고 자녀들에게 신앙 교육을 하는 역할은 성경을 통해서 주신 하나님의 명령이다.

2) 부모의 모범 없이는 자녀의 열매도 없다

종교개혁이 시작되는 시점은 중세 교회 시대 중 가장 어두웠던 시기였다. 성직자와 성도가 일관되게 타락한 이유는 분명했다. 번역된 성경도 없고 인쇄술도 발달되지 않은 상황에서 성도들이 성경을 배울 수 있는 유일한 통로는 성직자들의 가르침뿐이었다. 그러나 성직자는 성경을 제대로 연구하지 않고 성도들에게 바르게 가르치지 않았다. 제도화된 교회에서 이루어지는 신앙 교육의 실패를 경험한 루터는 가정에서 이루어지는 신앙 교육의 중요성을 강조하였다. 한국 루터신학교에서 후학을 양성하였으며 한국인 최초 루터교 목사라고 일컬음 받았던 지원용 목사는 기독교 가정을 향한 루터의 견해를 상세하게 밝히고 있다.

루터의 견해에 의하면 가정이야말로 가장 중요한 교육

기관이고 교회와 사회, 국가에서 봉사하고 애국하기 위해 기초적인 훈련을 받을 수 있는 곳이며 올바른 기독교 교육이 전해지는 기독교 가정을 통해 훌륭한 나라가 건설될 수 있고 사회복지를 이룰 수 있는 근거가 된다. 교회와 학교가 기독교 가정 안에서 전해지는 기독교 교육을 결코 대체할 수 없기에 자녀 양육을 위탁받은 부모들은 책임을 다해야 하고 하나님께서 주신 의무를 신실하게 지켜내야 할 것이다.[6]

물론 제도화된 교회와 학교에는 학문과 교양으로 잘 준비된 교사들이 많다. 이들을 통해 양질의 교육을 받을 수 있는 것 역시 사실이다. 그러나 반드시 기억해야 할 것 하나가 있다. 자녀를 양육하는 일차적인 책임은 부모에게 있다. 아무리 학문과 교양으로 잘 준비된 교사라도 제약된 시간 안에서는 분명 교육의 한계를 마주하게 된다. 이 한계는 자녀들과 많은 시간을 보내는 부모만이 뛰어넘을 수 있다. 자녀들을 누구보다 자세히 알고 있는 부모들이 전하는 신앙 교육의 효과가 매우 클 것이라는 것은 자명한 사실이다.

기독교 가정은 자녀가 태어나고 성장하는 곳으로 말씀으로 교육할 책임이 있는 곳이고 부모에게는 그들의 자식을 양육하고 교육할 의무를 하나님께서 직접 부여하

---

6) 지원용, 『루터의 사상』, 189.

셨다.[7]

 하나님으로부터 자녀 교육을 위탁받았기 때문에 부모
는 반드시 자녀에게 믿음의 첫 표지인 유아세례를 받도
록 해야 했다. 이를 위해 칼빈은 부모가 먼저 성경과 교
리 문답을 배우고 익히는 데 힘써야 한다는 것을 당부했
다. 부모가 자녀들에게 하나님을 경외하는 삶을 살아가
라고 말하기 전에 부모가 먼저 하나님을 경외하는 삶을
살아가야 한다. 자녀들은 경건한 부모의 삶과 가정 안에
서 이루어지는 신앙 교육을 통해서 건강하게 세워진다.
칼빈은 분명히 이렇게 강조하였다.

 부모가 하나님을 경외하는 바른 삶을 살 때 자녀들은 그
 것을 보고 배울 수 있는 것이지, 부모의 모범 없이는 자
 녀의 열매도 없다.

 하나님께서 한 가정을 세우시고 자녀를 선물로 허락하
신다. 하나님께서는 경건한 부모에게 청지기적인 사명
을 주신다. 하나님께서 주신 선물이니 하나님의 방식으
로 자녀를 양육해야 한다. 하나님의 방식이 무엇인가?
하나님께서 주신 말씀을 바르게 가르치는 것이다. 가정
도, 부모도, 자녀도 모두 하나님의 것이다. 하나님의 것

---

7) John Calvin 『기독교강요』

이니 하나님의 방식대로 가르쳐야 하고, 하나님께서 책임져 주시는 것은 지극히 당연하다. 이 확신이 있을 때 비로소 기독교 가정은 신앙 교육을 최우선 가치로 삼을 수 있다. 이 과정에서 하나님을 향한 믿음이 부모로부터 자녀에게로 자연스럽게 흘러갈 수 있다.

"우리 아빠와 엄마는 항상 믿음으로 정직하고 신실하게 살고 계셔. 우리 아빠와 엄마가 가지고 있는 믿음이 내 믿음이 되면 좋겠어."

"우리 아빠와 엄마는 항상 나를 위해 기도하고 계셔. 나는 아빠와 엄마의 기도에 하나님께서 은혜를 주셔서 지금까지 하나님과 동행하는 믿음을 가지고 있어."

우리 자녀의 입술에서 이 같은 믿음의 고백이 나오면 얼마나 좋을까? 바라는 것으로 머무르지 말자. 지금, 바로 이 순간 부모가 먼저 믿음으로 일상을 살아가는 구슬땀을 흘려보자. 이 땀이 바로 성경과 기독교 역사에서 말하는 가정 신앙 교육의 핵심이다.

그러나 현실은 너무 안타깝다. 모든 교육은 입시에 맞추어져 있다. 이 과정이 얼마나 가혹하면 '입시 지옥'이라는 말이 생겨났겠는가? 문제는 '입시 지옥' 안에 기독교 가정도 갇혀 있다는 점이다. 초등학교 6학년, 중학교 3학년, 고등학교 3학년 학생을 주일학교에서 찾아보기 힘든 시대가 되었다. 하나님께 받은 선물이니 하나님의 방식으로 양육한다는 원리도 이 시기에는 빗겨 가는 것처럼 보인다. 부모도, 교사도 이 상황은 뭔가 아닌 것 같다고 생각하나 누구 하나 과감하게 말하지 못한다. 가르침과 삶의 불일치는 믿음의 세대 계승이 단절되는 결과를 초래한다. 현재 기독교 가정의 기도제목 중 가장 많은 부분을 차지하는 것이 무엇인지 모두 알 것이다.

"우리 자녀가 다시 믿음 가지고 교회 나올 수 있도록 은혜 주세요."

바로 이 지점에서 우리는 다음 장으로 넘어가기 전에 중요한 문제를 제기할 수 있다.

"기독교 가정 안에서 신앙 교육을 효과적으로 할 수 있는 방법은 무엇일까? 어떻게 하면 기독교 가정 안에서 믿음의 세대 계승이 온전하게 이루어질 수 있을까?"
필자는 이 질문에 대한 대답이 '가정예배'임을 확신한다. 자원함과 기쁨으로 가정예배를 드릴 때 가족 모두는 하나님의 살아계심과 은혜 베푸심을 경험할 수 있다. 함께 본문을 읽고 나누는 과정에서 자연스럽게 말씀 교육이 이루어진다. 서로를 위해 중보하는 시간을 통해서 만사를 성취하시는 하나님의 전능하심을 확신할 수 있다. 애찬을 나누고 교제하는 순서에서 말씀이 육신이 되신 예수 그리스도를 기억하며 기념할 수 있다. 하나님께서는 이렇게 예배하는 가정을 찾으시고 다함없는 은혜를 주신다. 이 모습이 바로 하나님께서 기뻐하시는 가정예배 모습이다.

2장

가정예배가
그렇게 중요한가요

우리가 사는 세상은 즐거움을 줄 수 있는 컨텐츠가 셀 수 없을 정도로 많다. 교회 다니지 않는 사람들은 예배 드리는 우리들이 신기해 보일 것이다. 재미있는 것이 이렇게 많은데 저 사람들은 왜 교회에서 한 시간 넘도록 가만 앉아서 예배하고 있을까 생각할 수도 있다. 성도가 예배하는 이유는 무엇인가? 오직 하나님만이 세상이 줄 수 없는 참 기쁨을 주신다는 확신이 있기 때문이다. 이 믿음으로 예배하는 모든 성도들에게 하나님께서는 약속하신 기쁨을 주신다. 예배는 기쁨과 감격, 감사로 올려드리는 향연이다.

가정예배도 마찬가지다. 가정예배란, 가정 안에서 온 가족이 믿음으로 하나님께 영광 올려드리는 예배를 의미한다. 가정예배를 통해서 가족 모두는 하나님의 은혜를 동일하게 경험한다. 은혜를 받으니 온 가족이 기뻐할 수밖에 없다. 이 기쁨이 충만할 때 온 가족은 주신 말씀대로 살아가기로 결단할 수 있다. 말씀대로 살아가는 일상 속에서 부모는 자녀를 사랑으로 격려하고, 자녀는 부모를 존경하는 마음으로 순종한다. 이것이 가정예배의 선순환이다. 온 가족이 하나님 한 분만으로 기뻐하고 즐거워하는 고백의 장임과 동시에 믿음의 성숙을 견인할 수 있는 제단이 바로 가정예배이다.

이렇게 소중한 유산인 가정예배가 성경과 기독교 역사 속에서 어떻게 나타나는지 확인해보자. 같은 호흡으로 함께 읽다 보면 분명한 사실 하나를 발견할 수 있을 것이다. 노아 가정에서 드려진 예배부터 함께 이 여정을 시작해보자.

성경에서 찾아볼 수 있는 가정예배

1) 말씀에 순종한 노아와 가족

하나님께서는 사람의 죄악이 세상에 가득함과 그의 마음으로 생각하는 모든 계획이 항상 악함을 보시고 홍수로 온 지면을 쓸어버리기로 작정하셨다. 그러나 그 가운데 하나님께서는 노아를 택하셨다. 하나님께 택함 받은 노아는 하나님의 말씀에 전적으로 순종한다. 노아는 사람들의 비아냥거림 속에도 하나님께서 주신 설계도를 따라 방주를 만들었다. 하나님의 심판이 시작되었다. 사십 주야 동안 비가 쏟아졌고 하나님의 말씀에 순종하지 않은 이들은 비와 함께 휩쓸려 갔다. 홍수가 끝나고 방주에서 나온 노아와 가족은 여호와께 제단을 쌓고 번제를 드렸다. 노아 가정은 자신들을 지켜주신 하나님의 은혜에 감사하며 믿음의 삶을 결단했다. 하나님께서는 노아가 올려드린 가정예배와 결단을 기쁘게 받으시고 노아 가정에 언약을 주신 후 무지개를 통해 언약을 확증하셨다.

창세기 6장부터 8장까지의 기록을 요약한 내용이다. 여기서 우리는 가정예배의 모습을 확인할 수 있다. 하나님께 택함 받은 가장(노아)이 믿음으로 준비되는 것이다. 노아와 함께한 가족 모두는 가장이 하나님의 말씀에 어떻게 순종하였는지 두 눈으로 분명히 보았다. 가장의 역할이 얼마나 중요한지 증명해주는 대목이다. 노아의 순종이 가정을 살렸다. 노아가 가족과 함께 예배할 때 하나님께서 주신 무지개를 온 가족이 함께 볼 수 있었다. 노아가 드린 가정예배는 하나님을 향한 믿음의 결단이자 하나님으로부터 받을 복의 통로이다. 경건한 가장이 가족들에게 선한 영향력을 미칠 수 있는 장이 바로 가정예배이다. 하나님이 살아계심을 몸과 마음으로 경험한 가족은 절대로 하나님을 떠날 수 없다.

2) 하나님께 인정받는 가장 아브라함의 믿음과 순종

하나님께서는 아브라함을 부르시고 땅과 자손을 약속하셨다. 하나님께서는 아브라함에게 눈 감고도 찾아다닐 수 있을 만큼 익숙한 고향을 떠나라고 요청하셨다. 믿음으로 결단하고 고향을 떠난 아브라함은 하나님의 인도하심에 따라 가나안 땅에 도착한다. 아브라함은 기쁨과 감사로 제단을 쌓고 예배하며 여호와의 이름을 불렀다. 여호와의 이름을 부르게 된다는 것은 여호와를 온전히 믿겠다는 결단을 의미한다. 하나님께서 주신 약속의 땅에서 가장인 아브라함이 올려드린 가정예배는 이스라엘 국가의 첫 시작이 된다. 경건한 가장의 영향을 받은 이삭과 야곱은 어려운 환경 속에서도 하나님을 예배하는 믿음에서 결코 떠나지 않았다. 오히려 시험대 앞에 섰을 때 이삭과 야곱은 더욱 하나님의 인도하심을 구했다. 경건한 가장이 있는 곳에는 반드시 경건한 자녀가 있다.

아브라함은 하나님 앞에서 믿음을 인정받은 가장이었다. 아브라함은 하나님께서 주신 언약으로 가정을 세우기 위해 믿음으로 간구했다. 낙심되어 포기하고 싶을 때도 있었지만 끝까지 하나님의 인도하심을 기다렸다. 아브라함은 가정을 세워 주신 하나님의 은혜에 감사하고 온 가족과 함께 여호와의 이름을 부르며 예배로 영광 올려드렸다. 아브라함의 가족 모두는 아브라함이 걸었던 믿음의 여정을 가까이서 생생하게 보았다. 온 가족이 믿음으로 하나님께 예배하지 않을 수 없었다. 하나님이 살아계시고 우리 가정에 복 주시는 것을 분명히 경험했는데 어떻게 가정예배를 멈출 수 있겠는가? 아브라함 가정에 속한 모든 가족이 여호와의 이름을 부를 수 있는 이유가 바로 여기에 있다. 경건한 가장 아브라함을 통해서 세워진 믿음의 가정은 가정예배를 통해서 더욱 견고하게 세워지게 되었다.

3) 절기를 지키는 이스라엘

하나님께서는 이스라엘을 출애굽 시키는 과정에서 애굽을 향해 10가지 재앙을 내리셨다. 그중 마지막 재앙과 관련된 유월절 규례는 출애굽 과정에서 드린 가정예배의 최고 모범이다. 그렇다면 유월절은 무엇인가? 마지막 재앙을 앞두고 하나님께서는 이스라엘의 모든 가정이 행해야 할 지침을 자세히 말씀해 주신다. 각 가정이 그 식구를 위하여 흠 없고 일 년 된 수컷 어린 양을 취하라고 하신다. 어린 양의 피를 각 가정 좌우 문설주와 인방에 바르고 고기를 먹되 허리에 띠를 띠고 발에 신을 신고 손에 지팡이를 잡고 급히 먹어야 되는 것이 유월절 규례이다. 이스라엘 각 가정은 하나님께서 주신 규례대로 유월절을 지킨다. 유월절은 이스라엘이 반드시 지켜야 할 절기이다. 온 이스라엘이 유월절 기간마다 가정 안에서 규례를 따라 절기를 지켜야 되는 이유는 출애굽기 12장에서 확인할 수 있다.

> 너희는 이 일을 규례로 삼아 너희와 너희 자손이 영원히 지킬 것이니 너희는 여호와께서 허락하신 대로 너희에게 주시는 땅에 이를 때에 이 예식을 지킬 것이라 이 후에 너희의 자녀가 묻기를 이 예식이 무슨 뜻이냐 하거든 너희는 이르기를 이는 여호와의 유월절 제사라 여호와께서 애굽 사람에게 재앙을 내리실 때에 애굽에 있는 이스라엘 자손의 집을 넘으사 우리의 집을 구원하셨느니라 하라 하매 백성이 머리 숙여 경배하니라
> (출 12:24-27)

이스라엘 각 가정은 유월절을 지킬 때마다 하나님의 구원하심과 은혜 베푸심을 기억할 수 있다. 하나님께서는 유월절을 비롯해서 다양한 절기를 제정하시고 이스라엘에게 이 모든 절기를 반드시 지키라고 명령하신다.

이스라엘은 모든 절기마다 가정 단위로 모여서 하나님의 전능하심을 기억하고 기념한다. 절기를 따라 모여 드리는 가정예배는 결코 막연하거나 추상적이지 않다. 유월절 가정예배를 통해 구원하신 하나님을 찬양할 수 있다. 칠칠절(맥추절) 가정예배를 통해 추수의 기쁨을 주시는 하나님께 감사할 수 있다. 초막절(수장절 또는 장막절) 가정예배를 통해 광야에서 인도하신 하나님의 신실하심을 높일 수 있다.

광야 생활 막바지에 하나님께서는 이스라엘에게 가나안 땅에 대한 기대감을 심어주셨다. 그 땅은 젖과 꿀이 흐르는 땅이다. 부모 세대가 정탐꾼의 악평에 원망을 쏟아놓은 현장에서 보았던 굵은 포도도 생각났다. 이제 이스라엘은 그 땅 진입을 목전에 두고 있다. 이 시점에서 하나님께서는 이스라엘에게 약속의 땅에서 지켜야 할 율법을 자세히 말씀해주신다. 특별히 신명기 14장은 가정이 십일조를 드리는 방법에 대해서 자세히 설명하고 있다.

너는 마땅히 매 년 토지 소산의 십일조를 드릴 것이며 네 하나님 여호와 앞 곧 여호와께서 그의 이름을 두시려고 택하신 곳에서 네 곡식과 포도주와 기름의 십일조를 먹으며 또 네 소와 양의 처음 난 것을 먹고 네 하나님 여

호와 경외하기를 항상 배울 것이니라 그러나 네 하나님
여호와께서 자기의 이름을 두시려고 택하신 곳이 네게
서 너무 멀고 행로가 어려워서 네 하나님 여호와께서 그
풍부히 주신 것을 가지고 갈 수 없거든 그것을 돈으로
바꾸어 그 돈을 싸 가지고 네 하나님 여호와께서 택하신
곳으로 가서 네 마음에 원하는 모든 것을 그 돈으로 사
되 소나 양이나 포도주나 독주 등 네 마음에 원하는 모
든 것을 구하고 거기 네 하나님 여호와 앞에서 너와 네
권속이 함께 먹고 즐거워할 것이며 네 성읍에 거주하는
레위인은 너희 중에 분깃이나 기업이 없는 자이니 또한
저버리지 말지니라(신 14:22-27)

우리는 흔히 십일조를 '드리는' 개념으로 이해한다. 내
모든 것이 하나님의 것이라고 입술로는 고백하나 때로
는 십일조를 드리는 것에는 인색할 때도 있다. 그러나
신명기 14장에서 확인할 수 있는 십일조의 개념은 '가
정의 기쁨'이다. 온 가족이 하나님께 십일조를 올려드릴
때 '우리 가정의 주인은 하나님'이라는 믿음의 고백도
함께 올려드릴 수 있다. 그렇게 올려드린 곡식과 포도주
와 기름의 십일조를 하나님 앞에서 가족과 함께 먹고 즐
거워하라고 말씀하신다. 얼마나 아름다운 가정예배 모
습인가? 하나님 경외하는 것을 배우고 하나님을 즐거워

하며 온 가족이 함께 먹고 마시는 가정예배를 통해서 하나님께서는 영광 받으신다. 이것이 바로 세상이 줄 수 없는 참 기쁨이다. 이 기쁨을 가지고 있는 가정은 자연스럽게 이웃을 돌아볼 수 있는 복의 통로가 된다.

약속의 땅 가나안에 들어간 후 성전 시대가 열리게 되었지만 가정예배의 전통은 계속 이어졌다. 중요한 절기마다 가정 단위로 하나님께 희생제물을 드렸다. 예루살렘 성전으로 올라가 하나님께 제사 드릴 때도 가정이 함께 모였다. 가정예배의 전통이 이어졌기 때문에 바벨론 포로기에도 이스라엘은 믿음을 이어갈 수 있었다. 이방 땅에 포로로 끌려갔지만 가정 안에서 말씀을 가르치고 하나님께 기도하는 경건 생활은 이어갈 수 있었기 때문이었다. 70년 포로기에도 이스라엘이 하나님을 향한 믿음을 계속 가질 수 있었던 이유가 바로 여기에 있다. 이것이 바로 가정예배의 힘이다. 물리적으로 막힌 환경에 처할지라도 믿음을 계승할 수 있는 장이 바로 가정예배이다. 그렇기 때문에 우리는 결코 가정예배를 포기할 수 없다.

4) 예수 공생애 기간 중 기적을 맛 본 가정

예수께서 공생애 기간 동안 보여주신 기적 중 많은 부

분은 가정 안에서 이루어졌다. 가정의 첫 출발인 혼인 잔치에 참석하신 예수께서는 잔치가 잘 마무리될 수 있도록 기적을 베풀어 주셨다. 마태의 가정에 들어가셔서 그를 제자로 삼으셨다. 삭개오의 가정에 들어가셔서 구원을 선포하셨다. 엠마오로 가는 두 제자의 강권함을 받고 함께 가정에 들어가신 예수께서는 적극적으로 말씀을 가르치셨다. 베드로의 가정에 들어가셔서 장모의 열병을 치료해 주셨다. 야이로의 가정에 들어가셔서 죽은 딸을 일으켜 세우셨다. 아버지의 간청을 듣고 귀신 들린 아들을 고치셨다. 이미 죽은 지 사흘이나 지난 나사로도 살려주셨다. 예수께서는 신분의 높고 낮음에 상관없이 적극적으로 가정을 방문하셨다. 가정이 처한 어려움을 해결해주시고 구원을 주시는 복음을 선포하셨다.

이렇게 세워진 믿음의 가정은 어떤 열매를 맺었는가? 마태는 예수의 제자가 되어 마태복음을 기록하였다. 삭개오는 율법이 규정한 것 이상을 갚겠다고 서원한다. 엠마오에서 만난 제자들은 마음이 뜨거워져서 예수의 부활을 적극 증언하였다. 병든 자를 고치신 현장을 목격한 이들은 하나님의 위엄에 놀라며 하나님께 영광 올려드렸다. 하나님을 경험한 가정은 반드시 가시적인 열매가 나타난다. 하나님의 은혜로 풍성한 열매가 맺어진 가정은 1세기 초대교회의 밀알이 된다.

5) 초대교회 가정예배의 아름다운 신앙 전승

사도행전 2장은 가정에서 떡을 떼며 기쁨과 순전한 마음으로 음식을 나누었다고 기록한다. 1세기 초대교회의 가정예배가 얼마나 활발했는지 확인할 수 있는 장면이다. 가정은 이웃과 함께 떡을 떼며 음식을 나누는 교제의 장으로 사용되었다. 동시에 베드로의 설교를 듣고 온 가족이 세례를 받게 된 고넬료의 가정 이야기를 통해 가정이 복음 전파의 장으로도 활용되고 있음을 살펴볼 수 있다. 투옥된 베드로를 위해 믿는 이들이 함께 간절히 기도했던 곳도 가정이었고, 빌립보 간수들이 베드로의 설교로 위로받고 구원받는 믿음을 소유하게 된 곳도 가정이었다. 이것이 바로 1세기 초대교회 가정예배의 아름다운 전승이다.

이 시기에 드려진 가정예배는 적극적인 믿음의 행위였다. 가정예배를 통해서 온 가족이 하나님의 말씀을 듣고 배우며 믿음의 성숙을 이루었다. 가정예배가 전도의 통로 역할도 담당했다. 믿지 않는 이웃들을 가정예배에 초대하고 그들이 믿음을 가질 수 있도록 기도하며 복음을 전했다. 사랑으로 교제하며 섬길 때 복음으로 변화된 이들의 모습을 보며 온 가족이 하나님께 영광 올려드렸다. 1세기 초대교회에서는 가정예배를 통한 아름다운 선순환을 확인할 수 있다.

기독교 역사에서 찾아볼 수 있는 가정예배

1) 종교개혁자들의 당부

주후 313년, 로마의 콘스탄티누스(Constantinus I) 황제가 밀라노 칙령을 공포하면서 성도들은 신앙의 자유를 얻게 되었다. 밀라노 칙령 이전, 핍박받던 성도들은 각 가정과 카타콤에서 은밀하게 모여 믿음을 이어갔다. 그러나 밀라노 칙령 이후 성도들의 신앙생활이 크게 변화되었다. 기독교는 부를 소유하게 되었고 이전에 경험하지 못했던 무소불위의 권력도 행사할 수 있게 되었다. 웅장하고 화려한 교회 건물이 우후죽순처럼 늘어났다. 그러나 안타깝게도 그동안 성도들이 소유했던 역동적인 신앙은 사라져버렸다.

암흑과도 같은 중세에 마침표를 찍게 된 것은 1517년 10월 31일 마르틴 루터가 비텐베르크성 교회 문에 95개 조항의 반박문을 게시하면서부터였다. 종교개혁자들은 가정의 중요성을 지속적으로 강조했다. 종교개혁자들은 믿음의 가정 안에서 가장의 역할이 교회를 세우는 역할 이상으로 중요하다고 확신했다. "가정은 최초의 학교이며, 가장은 자녀에게 있어서 최초의 교사"라는 종교개혁자들의 단언은 가정의 중요성을 충분히 설명해 준다. 그래서 종교개혁자들은 경건한 부모와 자녀로 세워질 수 있는 가정예배를 강조했다.

가정예배를 통해서 껍데기만 남아 있는 형식적인 신앙생활에 다시 한번 활력을 불어넣게 되었다. 루터는 가장의 역할에 대해 자녀의 영과 육을 책임지는 제사장적 사명을 강조했다. 가장은 자녀를 위해 아침 저녁으로 하나님의 말씀을 큰 소리로 들려지게 해야 된다고 루터는 주장했다. 경건한 가장의 수고와 땀이 어우러진 가정예배를 통해 경건한 자녀가 세워진다. 가정예배는 이 모든 것을 펼쳐낼 수 있는 유일한 장이다. 중세 암흑기를 보내며 사라져버린 가정예배 전통이 종교개혁 시기를 보내며 다시금 소중한 믿음의 유산으로 자리매김하고 발전하기 시작했다.

2) 스코틀랜드 교회 가정예배 모범

스코틀랜드 교회는 예배 모범을 세우고 성도들이 온전한 예배자로 살아갈 수 있도록 깊은 관심을 기울였다. 17세기 스코틀랜드 교회 총회의 결정 사항인 『가정예배 모범 (The Directory for Family Worship)』 서두에는 "개인적 및 사적 예배와 성도 간의 상호 교화를 위하여, 그리고 가정예배를 소홀히 하는 것과 같은 일들을 책망하기 위하여"[1]라고 기록되어 있다. 기독교 안에서 가정예배가 차지하는 중요성이 얼마나 큰지 확인할 수 있는 부분이다. 특별히 스코틀랜드 교회는 믿음을 가지고 일상을 살아가는 이들에게 지속적으로 말씀을 가르치고 기도와 묵상을 훈련할 수 있는 공동체는 가정뿐이라고 규정했다. 물론 교회 안에서 예배와 각종 모임을 가진다. 그러나 수시로 교제하고 말씀을 가르치기는 역부족이다. 스코틀랜드 교회는 가정예배를 통해서 이 어려움을 해소할 수 있을 것이라 확신했다. 이를 대변해주는 것이 스코틀랜드 총회에서 공표한 가정예배 권면 사항 중 10번째 조항이다.

10항. 가정예배는 아주 큰 성실함으로 수행되어야 하며,

---

1) 만일 그러한 가정이 발견된다면 그 가정의 가장은 먼저 그 잘못을 고치도록 사적 권면과 경고를 받아야 할 것이요, 그 이후에도 계속해서 그러한 잘못 가운데 계속 머물러 있다면 당회에 의하여 엄하고 중하게 책망을 받아야 할 것이다. 이러한 책망을 받은 후에도 여전히 가정예배를 소홀히 여기는 것이 발견된다면, 그리고 그러한 위반을 범하고도 자신의 강퍅함을 인하여 뉘우치지 않는다면 그는 성찬을 받기에 합당치 못한 자로 간주되어 뉘우칠 때까지 성찬에 참여하지 못하도록 수찬정지를 받아야 할 것이다. The General Assembly of the Church of Scotland, The Directory For Family Worship, 김준범 역, 『가정예배 모범』 (서울: 고려서원, 2003), 93.

세상의 일이나 방해 그리고 무신론자와 위선자의 조롱에도 불구하고 하나님의 자비와 우리 가정에 베푸신 크고 위대한 하나님이라는 목적을 위해 가족들은 가정예배를 위해 부지런히 노력해야 한다. 가정예배를 드리는 가정은 능력과 책임을 가졌음을 기억하며 더욱 주의 깊게 가정예배가 드려지도록 훈련되어야 한다.[2]

가정예배 모범에서 규정한 가정예배 포함 요소는 "기도와 찬양, 말씀 묵상, 가족과 나누는 경건한 대화"이다. 가정예배를 드리는 가운데 말씀의 거울에 비친 죄의 요소가 발견되면 단호히 끊어내고 회개의 자리로 나아갈 수 있도록 서로를 견인해야 한다. 가정예배의 마지막 순서에는 반드시 온 가족이 믿음으로 구별된 삶을 살아갈 수 있도록 결단하고 격려해주는 시간을 가져야 한다.

3) 웨스트민스터 신앙고백서에 기록된 권면

웨스트민스터 신앙고백서는 영국과 스코틀랜드에서 유래한 교리 표준서이다. 웨스트민스터 신앙고백서의 서문을 자세히 살펴보면 믿음의 가정 안에서 신앙 교육

---

2) The General Assembly of the Church of Scotland, 『가정예배 모범』, 9-10.

을 책임지는 가장이 가정 교육을 위해 잘 사용될 수 있도록 기록되었음을 확인할 수 있다. 서문의 많은 부분에서 가장이 믿음의 가정을 하나님의 말씀으로 어떻게 세워야 할지에 대해 자세히 언급하고 있기 때문이다. 특별히 웨스트민스터 신앙고백서 21장 6절은 하나님께서 믿음의 가정이 동일한 곳에서 매일 모여 하나님께 예배하는 것을 강력하게 권면하고 있다. 이 부분에 대해 『웨스트민스터 신앙고백 해설』을 저술한 A. A 하지(A. A. Hodge)는 아래와 같이 설명하였다.

> 가정마다 행해야 하는 가정예배는 보통 조석으로 드리되, 기도와 성경읽기와 찬송가로 구성된다. 이 예배는 가장이 인도하되, 가족이 전부 참석하도록 주의해야 하며 아무도 필요 없이 어느 부분에서 빠져서는 안 된다. 기도와 찬송에 엄숙히 참석해야 하는 것과 같이, 성경을 읽을 때에 일상적인 일을 하지 않아야 한다. 가장들은 아이들에게 종교의 원칙을 가르치도록 주의하라. 이 일을 위해서 모든 적당한 기회를 이용하라.[3]

믿음의 가정을 책임지는 가장의 역할은 가족의 생계뿐 아니라 온 가족이 말씀을 배우고 기도하는 경건 생활

---

3) A. A. Hodge, 『웨스트민스터 신앙고백 해설』 (서울: 크리스챤 다이제스트, 1996), 366.

도 책임져야 한다. "가족 모두가 믿음 안에서 바르게 세워지고 있는가? 말씀과 기도에 전무하며 하나님과 동행하는 삶을 살아가고 있는가?" 가장은 이 모든 것을 항상 살펴보아야 한다. 이를 위한 최적의 장이 바로 가정예배라고 웨스트민스터 신앙고백서는 기록하고 있다. 가정예배를 드리는 가운데 가장은 가족들의 형편을 살필 수 있고, 가족을 위해 기도로 격려할 수 있다. 가장은 가족들의 신앙 수준에 따라 눈높이에 맞게 말씀을 가르칠 수 있다. 한 사람을 세심하게 살피고 형편에 따라 양육할 수 있는 최고의 장이 바로 가정예배이다.

4) 가정예배를 향한 청교도들의 헌신

청교도들은 하나님께서 세우신 공동체 중 가장 필수적인 제도를 가정이라고 확신했다. 청교도들은 가정예배를 통해 믿음을 전수하고 일상을 살아가는 윤리를 가르쳤다. 청교도들이 가정예배를 얼마나 소중한 전승으로 기념하고 지키고자 노력했는지는 아래 글을 통해서 확인할 수 있다.

청교도들은 하루의 일과를 통해 개인예배, 가정예배, 공적예배를 드렸다. 개인과 가족 모두가 아침 햇살이 창틈으로 들어올 때 하나님에 대한 감사를 주제로 한 가정예배를 드렸다. 맑고 신선한 공기, 따뜻한 햇빛, 지난밤의 평안한 휴식을 주셨음에 대하여 감사를 드린 것이다. 하루의 일과를 끝내고 저녁에 또 감사예배를 드렸다. 청교도들은 전문적이든 비전문적이든 간에 그들의 모든 직무가 하나님의 영광과 하나님의 뜻을 향한 신중한 관찰로 귀결되어진 예배를 드리는 삶이었다.[4]

청교도 성직자들은 가장을 향해 하나님의 말씀을 성실히 가르치라고 권면하였다. 동시에 자녀들에게는 가장의 신앙을 본받아 가정 안에서 말씀과 기도로 경건 훈련을 받아야 할 것을 명령하였다. 가정예배의 성패를 좌우하는 최우선적인 요소는 가장이다. 가장은 가정예배를 인도하고 믿음의 본을 보이는 일에 최선을 다해야 한다.

가정예배 안에서 가장은 말씀을 가르치고 믿음으로 모든 가족을 세우는 일에 대한 책임을 다해야 한다. 가정예배 안에서 말씀을 나누고 서로를 위해 기도하며 하나님의 도우심을 구할 때, 가족 모두가 하나님의 살아계심

---

4) 박영호, 『청교도 실천신학』 (서울: 기독교문서 선교회, 2002), 36.

을 온전하게 경험할 수 있다는 것이 청교도들의 인식이었다.

여기까지 읽은 독자들 모두가 믿음으로 가정예배를 세우겠다는 결단이 있기를 소망한다. 가정예배는 선택이 아닌 필수이다. 다음 장으로 넘어가기 전에 한 가지 제안하고 싶은 용어가 있다. 그것은 바로 '영적 가장'이다. '가장' 하면 남성이 떠오를 것이다. 그러나 영적 가장을 남성으로 한정 짓고 싶지 않다. 가정예배를 인도하기 원하는 이, 믿음으로 가정을 세우기 원하는 이들을 통칭해서 '영적 가장'이라고 부르고 싶다. 가정 안에서 아버지일 수도 있고 어머니일 수도 있다. 심지어 부모보다 먼저 믿은 자녀들일 수도 있다. 필자는 부모보다 먼저 예수를 믿었기에 우리 가정에서 영적 가장은 바로 이 가정의 자녀인 '나'라고 여겨 왔다. 온 가족의 믿음을 두고 기도하며 가정예배를 인도하기로 결단하는 이는 남녀노소 할 것 없이 모두 '영적 가장'이다.

"그렇다면 가정예배를 잘 드릴 수 있는 구체적인 지침서가 있을까?"

지금까지 함께 읽어 온 '영적 가장'이 반드시 가지고

있어야 할 질문이다. 이어지는 장에서 이 질문에 대답을
드리고자 한다.

3장

영적 가장,
이렇게 묵상해봅시다

날마다 묵상하겠다는 결단

오늘 내가 네게 명하는 이 말씀을 너는 마음에 새기고
네 자녀에게 부지런히 가르치며 집에 앉았을 때에든지
길을 갈 때에든지 누워 있을 때에든지 일어날 때에든지
이 말씀을 강론할 것이며 너는 또 그것을 네 손목에 매
어 기호를 삼으며 네 미간에 붙여 표로 삼고 또 네 집 문
설주와 바깥 문에 기록할지니라(신 6:6-9)

신명기에는 하나님의 말씀을 온 이스라엘이 어떻게 가
르치고 배워야 하는지 명확하게 기록되어 있다. 하나님
의 말씀을 자녀들에게 부지런히 가르치기 위해서는 영
적 가장이 먼저 하나님의 말씀을 보고 듣고 배우는 자리
로 힘써 나아가야 한다. 말씀 묵상을 위한 첫걸음은 어
떠한 어려움 속에서도 끊임없이 말씀 앞에 서겠다는 결
단이다. 가정예배를 통해서 가족에게 말씀을 가르치고

믿음을 세우기 원하는 영적 가장이라면 반드시 스스로가 먼저 말씀 묵상에 힘써야 한다. 영적 가장이 말씀을 묵상하는 가운데 은혜를 경험한 크기만큼 자신의 삶을 경건하게 세울 수 있다. 영적 가장의 일상에 녹여진 말씀을 중심으로 드리는 가정예배의 깊이는 말로 형언할 수 없을 만큼 깊고 풍성할 것이다.

말씀 묵상을 결단하는 영적 가장들에게 2가지 실제적인 제안을 드리고자 한다.

첫째, 영적 가장은 날마다 말씀을 묵상하기로 결단해야 한다. 분주한 일상 속에서도 일주일의 절반은 말씀을 묵상하겠다는 결단을 높게 평가할 수는 있다. 그러나 가정예배를 세우기 원하는 영적 가장이라면 보다 높은 수준의 결단이 있어야 한다. 영적 가장은 일주일의 절반이 아닌, 날마다 말씀을 묵상하겠다는 결단이 있어야 한다. 매일 시간을 따로 떼어서 하나님과 교제하는 습관을 가져야 한다. 외부적인 방해 요소가 없는 새벽 또는 아침 이른 시간을 활용해보자. 고요함 가운데 오직 말씀에만 집중할 수 있다. 영적 가장의 직업 특성상 아침 시간이 어려울 수 있다. 점심 시간, 저녁 시간, 잠들기 직전도 좋다. 중요한 것은 매일 꾸준히 말씀을 묵상하는 습관을 가지는 것이다.

둘째, 말씀 묵상하는 환경을 조성해야 한다. 말씀을 묵상하는 시간에는 성경과 필기구 이외에 다른 물건은 손이 닿지 않는 곳에 두는 의지가 필요하다. 스마트폰과 테블릿PC 등 집중해서 말씀을 묵상하는 데 방해되는 요소는 반드시 제거해야 한다. 다이어리와 달력도 최대한 멀리 두기를 권한다. 말씀을 묵상하기 위해 앉아 있다가 어느 순간 스마트폰과 테블릿PC를 보고 있는 자신의 모습을 한두 번 이상 경험해 보았을 것이다. 성경을 보고 있다가 어느 순간 달력과 다이어리에 체크되어 있는 일정을 확인하며 말씀 묵상의 흐름이 끊어진 경험도 있을 것이다. 하나님께서 영적 가장인 나에게 주시는 말씀이 무엇일까? 영적 가장인 나를 통해서 우리 가정에 주시기 원하시는 말씀은 무엇일까? 사모함으로 말씀을 묵상하는 시간에 외부적인 요소로 방해를 받는다면 이것만큼 큰 손해는 없다. 성경과 필기구 외에 말씀 묵상에 방해되는 모든 요소를 제거한 환경 속에서 하나님과 교제해보자. 영적 가장과 함께하시는 성령께서 분명 말씀을 깨닫게 하시고 결단할 수 있는 믿음을 주실 것이다.

말씀 묵상이 주는 은혜 안에 거하겠다는 소망

필자가 말씀 묵상의 중요성을 절실히 깨닫게 된 계기는 대학 8년간 선교단체 IVF에서 배운 귀납적 성경연구(PBS: Personal Inductive Bible Study) 덕분이었다. 여름과 겨울이면 관주성경만 가지고 집요하게 말씀 묵상 훈련을 받았다. 귀납적 성경연구가 빛을 발하기 시작한 것은 N국에서 1년간 단기 선교사로 지냈던 기간이었다. 한국에서 신앙생활 할 때는 예배드리고 설교를 듣는 것에 전혀 갈급함이 없었다. 언제 어디서든 마음만 먹으면 예배할 수 있었고 성경을 볼 수 있었으며 설교를 들을 수 있었다. 그러나 N국에서의 상황은 전혀 달랐다. 정기적으로 주일 예배를 인도해주시는 분이 계시지 않았다. 당연히 매주 설교를 들을 수도 없었다. 자칫 영적 빈곤에 처할 수 있는 상황 속에서 이를 극복할 수 있게 한 것은 바로 귀납적 성경연구였다. 평일 저녁과 주일 오전이면 성경 하나 붙잡고 집요하게 말씀을 묵상하고 연구했는데 이때 하나님께서 주신 은혜는 말로 형언할 수 없을 만큼 광대했다. 이 시기를 지내며 분명하게 결단한 것 하나가 있다. 그것은 바로 평생 말씀 묵상을 훈련하는 자리에서 절대로 떠나지 않겠다는 것이다.

말씀 묵상 훈련이 얼마나 중요한지 확신할 수 있었던

또 다른 계기는 2019년 말부터 전 세계를 공포로 몰고 간 코로나바이러스 감염증(COVID-19)의 확산이었다. 주일에 교회에서 예배할 수 있는지 여부는 매일 정부에서 발표되는 방역지침에 따라 결정되었다. '온라인 예배'라는 신조어가 생겼다. 섬기는 교회가 있지만 유명한 설교자의 영상 조회수가 해당 교회 성도수를 초과하는 기현상도 발생했다. 주일 예배로 겨우 모일 수 있어도 사적 모임은 제한되어 있는 상황에서 그동안 쉽게 말씀 교육을 받을 수 있었던 자리는 급속도로 사라졌다. 다음 세대가 위기라고 모두가 아우성쳤지만 마땅한 대안도 나오지 않았다.

무엇이 문제일까? 어디서부터 잘못된 것일까? 모든 문제의 뿌리는 스스로 성경을 묵상하는 근력이 없다는 데 있다. 최소한 영적 가장이라도 하나님의 말씀을 날마다 묵상하는 훈련을 받아 왔다면 믿음의 가정은 결코 쉽게 무너지지 않았을 것이다. 엄혹한 상황 속에서도 마스크 없이 만날 수 있는 지상 유일한 공동체, 주일 예배를 드릴 수 없고 사적 모임이 중단된 상황 속에서 중단 없이 만날 수 있는 유일한 공동체는 바로 가정이다. 이렇게 소중한 가정을 세울 수 있는 유일한 길은 말씀이다. 그렇기 때문에 믿음 안에서 가정을 바로 세우기 원하는 영적 가장이라면 반드시 말씀 묵상을 훈련해야 한다. 이렇게 세워진 가정은 어떠한 외부의 어려움 속에서도 결코 흔들리지 않을 것이다.

코로나19 기간 동안 필자가 섬기는 교회 담임목사님과 동역자들이 함께 기도하며 기획한 것은 매일 말씀 묵상지 『찐QT』이다. 이미 우리 주변에 말씀 묵상지는 10종류가 넘게 존재한다. 창간을 앞두고 QT에 대한 시장 조사를 하며 느꼈던 감정을 김기현 목사께서 아주 잘 표현해주셨다.

저는 개인적으로 묵상지에 질문이 있으면 방해가 되더군요. 내가 던진 질문은 묵상을 깊게 하지만, 교재에 주어진 질문은 나를 불안하게 합니다. 이 답이 맞을까 틀릴까 하는 데 온통 집중하게 되더군요. 뿐만 아니라 해설이 지나치게 친절하고 자세하면 내가 생각할 틈이 없고, 반대로 너무 적으면 본문을 이해하기 어려웠습니다. 예화나 간증이 있으면 본문보다는 그 이야기에 눈길이 가게 되어, 결국 말씀 묵상이 아니라 예화와 간증 묵상이 되고 말았습니다.[1]

『찐QT』를 기획하는 과정에서 스스로 성경 묵상을 할 수 있으며 동시에 본문이 주는 메시지를 개인의 성향

---

1) 김기현, 『모든 사람을 위한 성경 묵상법』 (서울: 성서유니온, 2019), 58.

에 좌우되지 않는 균형이 어디에 있을지 고민했다. 대안은 두 가지였다.

첫째는 본문을 최소 5회 이상, 10회까지 반복해서 읽는 것이다. 그동안 우리가 했던 말씀 묵상 방식을 돌아보자. QT본문을 한두 번 읽은 후 곧바로 해설서를 향해 시선을 옮긴다. 시간이 없을 경우 본문보다 해설서만 읽고 밑줄을 친다. 이것은 말씀 묵상이 아니다. 누군가의 해설서를 독서한 것에 불과하다. 해설서보다 성경 본문을 더 많이 읽어야 한다. 말씀 묵상할 시간이 촉박하다면 성경 본문만 봐야 한다. 더 바람직한 방식은 본문만 반복해서 읽는 것이다. 이것이 진정한 말씀 묵상이다.

둘째는 자신이 이해한 본문 내용을 자신의 언어로 기록해보는 것이다. 자신의 언어로 본문을 기록하지 못하는 것은 본문이 아직 머릿속에 남아 있지 않다는 것을 의미한다. 본문 전체를 다 이해하지 못할지라도 내가 잡은 중요한 포인트를 기록할 수 있을 때까지 본문을 반복해서 읽고 또 읽어야 한다.

본문만 집중해서 묵상하는 이들이 많은 은혜를 경험했다고 고백하는 것을 들을 수 있었다. 이 은혜는 가정예배를 준비하는 영적 가장이 반드시 먼저 경험해야 한다. 영적 가장은 해설서가 주는 감동이 아니라 본문이 주는 은혜에 깊이 잠겨야 한다. 이 은혜를 풍성하게 누리고 있는 영적 가장이 인도하는 가정예배는 온 가족이 하나님의 살아계심과 은혜 베푸심을 누릴 수 있는 기쁨과 감사의 장이 된다. 이어지는 장에서 말씀 묵상이 주는 은혜를 사모하는 영적 가장이 훈련받아야 할 말씀 묵상 방식을 자세히 살펴보도록 하겠다. 부디 바라기는 이 책을 대하는 영적 가장이 먼저 말씀으로 세워지는 은혜가 있기를 소망한다.

이렇게 말씀을 묵상해봅시다

1) 본문 관찰의 단계 '성경을 펼쳐서 읽는 것부터 시작'

"성경이란 무엇인가?"라는 질문을 가지고 교회에 꾸준히 출석하는 성도들을 대상으로 지앤엠 글로벌 문화재단에서 설문조사를 실시했다. 성경은 하나님께서 주신 말씀이라고 응답한 비율이 70%를 넘었다. 그러나 아이러니하게도 "성경을 일주일에 얼마나 읽느냐?"는 질문에는 72%가 "전혀 읽지 않는다."고 응답했다. 말씀 묵상의 시작은 말씀을 펴서 읽는 것이다. 가정예배를 준비하는 영적 가장의 시작도 동일하다. 영적 가장이 먼저 성경을 집어 들고 펼쳐서 읽어야 한다. 이 단계가 본문 관찰의 단계이다.

성경은 66권으로 이루어져 있다. 방대한 분량이고 형식도 다양하다. 본문 관찰을 효과적으로 하기 위해서는 본문이 기록된 형식에 따라 관찰하는 방식도 달라야 한다. 필자는 특별히 성경 안에서 가장 많은 형식으로 구성된 '설화체(narrative)'와 '강화체(discourse)'에 대해서 살펴보고자 한다. 설화체의 대표적인 본문은 신약의 4복음서와 사도행전, 그리고 구약의 창세기와 출애굽기 중반부, 역사서이다. 강화체의 대표적인 본문은 신약의 로마서 이후로 기록된 서신서, 구약의 선지서다.

설화체는 이야기 형식으로 구성되어 있다. 설화체 본문은 6하 원칙(언제, 어디서, 누가, 무엇을, 어떻게, 왜)을 찾아볼 수 있다. 영적 가장이 설화체 본문으로 가정 예배를 준비하고자 한다면 우선 설화체 본문 안에서 6하 원칙을 찾아내는 훈련을 하는 것이 필수이다. 그러나 설화체 본문 안에서 6하 원칙을 모두 찾아내는 것은 쉽지 않다. 그렇다면 설화체 본문에서 꼭 관찰해야 될 사항은 무엇일까? 모든 설화체 본문에서 빠지지 않는 요소이자 가장 중요한 요소는 바로 '누가(who)'와 '무엇을(what)'이다. 이야기 형식으로 되어 있기에 인물(who)이 반드시 등장한다. 그 인물이 '무엇을' 하는지 찾는 것이 설화체 관찰의 핵심이다. 필자는 이를 가리켜

"누가/무엇을 관찰법"이라 명명해보겠다.

마가복음 2장 23절부터 3장 6절까지 본문을 "누가/무엇을 관찰법"에 따라 관찰해보자.

안식일에 예수께서 밀밭 사이로 지나가실새 그의 제자들이 길을 열며 이삭을 자르니 바리새인들이 예수께 말하되 보시오 저들이 어찌하여 안식일에 하지 못할 일을 하나이까 예수께서 이르시되 다윗이 자기와 및 함께 한 자들이 먹을 것이 없어 시장할 때에 한 일을 읽지 못하였느냐 그가 아비아달 대제사장 때에 하나님의 전에 들어가서 제사장 외에는 먹어서는 안 되는 진설병을 먹고 함께 한 자들에게도 주지 아니하였느냐 또 이르시되 안식일이 사람을 위하여 있는 것이요 사람이 안식일을 위하여 있는 것이 아니니 이러므로 인자는 안식일에도 주인이니라 예수께서 다시 회당에 들어가시니 한쪽 손 마른 사람이 거기 있는지라 사람들이 예수를 고발하려 하여 안식일에 그 사람을 고치시는가 주시하고 있거늘 예수께서 손 마른 사람에게 이르시되 한 가운데에 일어서라 하시고 그들에게 이르시되 안식일에 선을 행하는 것과 악을 행하는 것, 생명을 구하는 것과 죽이는 것, 어느 것이 옳으냐 하시니 그들이 잠잠하거늘 그들의 마음이 완악함을 탄식하사 노하심으로 그들을 둘러 보시고 그

사람에게 이르시되 네 손을 내밀라 하시니 내밀매 그 손
이 회복되었더라 바리새인들이 나가서 곧 헤롯당과 함
께 어떻게 하여 예수를 죽일까 의논하니라(막 2:23-3:6)

이 본문에서 등장인물은 4범주로 나누어 살펴볼 수 있
다. 그렇다면 '누가/무엇을' 중심으로 다시 본문을 재구
성해보자.

누가(who) ① 제자들
　무엇을(what) ① 밀밭 길을 열고 있음

누가(who) ② 예수 그리스도
　무엇을(what) ① 밀밭 사이를 지나가심
　무엇을(what) ② 바리새인들에게 질문하심
　무엇을(what) ③ 사무엘상 21장에 대한 해석을 가르치심
　무엇을(what) ④ 사람이 안식일을 위하여 있는 것이 아니
　　　　　　　　라 안식일이 사람을 위하여 있는 것이라
　　　　　　　　말씀하심
　무엇을(what) ⑤ 인자가 안식일의 주인이라고 하심
　무엇을(what) ⑥ 회당에 들어가심
　무엇을(what) ⑦ 손 마른 사람에게 말씀하시고 회복시키심
　무엇을(what) ⑧ 안식일에 무엇을 행해야 하는가 질문하심
　무엇을(what) ⑨ 사람들의 마음이 완악함을 탄식하시고

누가(who) ③ 바리새인들
　무엇을(what) ①　예수께 질문: 제자들이 어찌하여 안식
　　　　　　　　　　일에 하지 못할 일을 행합니까?
　무엇을(what) ② 헤롯당과 함께 어떻게 예수를 죽일까 의논

누가(who) ④ 회당에 있는 사람들
　무엇을(what) ① 예수를 고발하기 위하여 주시: 안식일에
　　　　　　　　　사람을 고치는지 여부를 확인

　문장으로 읽었던 내용을 "누가/무엇을 관찰법"을 통해
서 정리하면 본문 전체를 선명하게 파악할 수 있다. 말
씀을 묵상했지만 머릿속에 남아 있지 않은 이유는 문장
단위로 본문을 보기 때문이다. 영적 가장이 가정예배를
인도하기 위해 본문을 묵상한다면 본문이 머릿속에 확
실히 새겨져 있어야 한다. 가정예배를 드리는 동안 영적
가장은 가족의 눈을 보고 본문 내용을 자신감 있게 말할
수 있어야 한다. 이를 위해 "누가/무엇을 관찰법"은 아
주 유효한 방법이 될 것이다.
　강화체는 본문을 기록한 저자가 수신자를 향해서 자신
의 사상과 교훈을 분명하게 기록한 글이다. 비유와 수사

학적인 화법이 풍성하게 포함되어 있는 설화체와 달리 강화체는 저자가 가지고 있는 분명한 의지를 명료하게 피력하는 형식으로 구성되어 있다. 강화체를 관찰할 때도 설화체의 "누가/무엇을 관찰법"으로 접근할 수 있다. 그러나 강화체의 형식이 설화체와는 분명한 차이가 있기 때문에 강화체만의 관찰법으로 접근하면 더욱 효과적일 것이다. 강화체는 설명문, 편지, 논설문과 같은 형식이다. 강화체 안에는 분명한 논지가 있고, 이를 뒷받침해주는 근거가 다양한 형식(비교/대조/반복/인과 관계 등)으로 구성되어 있다. 그렇기 때문에 강화체를 관찰할 때는 각 절별로 큰 뼈대인 '주어/동사'를 먼저 찾고 이를 설명하는 근거를 하단에 상술하는 방식으로 접근하는 것이 매우 효과적인 방법이다. 필자는 이를 "주어/동사 관찰법"이라고 명명해보겠다.

야고보서 1장 19절부터 27절까지 본문을 "주어/동사 관찰법"에 따라 관찰해보자.

내 사랑하는 형제들아 너희가 알지니 사람마다 듣기는 속히 하고 말하기는 더디 하며 성내기도 더디 하라 사람이 성내는 것이 하나님의 의를 이루지 못함이라 그러므로 모든 더러운 것과 넘치는 악을 내버리고 너희 영혼을 능히 구원할 바 마음에 심어진 말씀을 온유함으로 받으라 너희는 말씀을 행하는 자가 되고 듣기만 하여 자신을 속이는 자가 되지 말라 누구든지 말씀을 듣고 행하지 아니하면 그는 거울로 자기의 생긴 얼굴을 보는 사람과 같아서 제 자신을 보고 가서 그 모습이 어떠했는지를 곧 잊어버리거니와 자유롭게 하는 온전한 율법을 들여다보고 있는 자는 듣고 잊어버리는 자가 아니요 실천하는 자니 이 사람은 그 행하는 일에 복을 받으리라 누구든지 스스로 경건하다 생각하며 자기 혀를 재갈 물리지 아니하고 자기 마음을 속이면 이 사람의 경건은 헛것이라 하나님 아버지 앞에서 정결하고 더러움이 없는 경건은 곧 고아와 과부를 그 환난중에 돌보고 또 자기를 지켜 세속에 물들지 아니하는 그것이니라(약 1:19-27)

19절. 주어 - 형제들아
　　　동사 - 속히 듣고 / 더디 말하고 / 더디 성내라
20절. 주어 - 성내는 사람
　　　동사 - 하나님의 의를 이루지 못한다
21절. 주어 - 더러운 것과 악
　　　동사 - 내버리라
21절. 주어 - 영혼을 능히 구원하는 말씀을
　　　동사 - 온유함으로 받으라
22절. 주어 - 너희는

동사 - 말씀을 행하는 자가 되라

22절. 주어 - 너희는

　　　동사 - 듣기만 하여 자신을 속이지 마라

23-24절. 주어 - 누구든지

　　　　동사 - 말씀을 듣고 행하지 아니하면

　　　　결과 - 거울로 자신의 얼굴을 보고 자신의 모
　　　　　　　 습을 잊어버리는 자와 같다

25절. 주어 - 자유롭게 하는 온전한 율법을 들여다보는
　　　　　　 자는

　　　동사 - 듣고 잊어버리는 자가 아니요

　　　동사 - 실천하는 자

　　　결과 - 복을 받으리라

26절. 주어 - 자기 혀를 재갈 물리지 않고 마음을 속이
　　　　　　 는 자

　　　동사 - 경건하다고 스스로 생각하나

　　　결과 - 그 경건은 헛것이다

27절. 주어 - 하나님께 인정받는 경건은

　　　동사 – 환난 중에 있는 고아와 과부를 돌보고

　　　동사 - 자기를 지켜 세속에 물들지 않게 한다

형용사와 부사를 제외하고, 주어와 동사를 중심으로
간결하게 정리하면 이처럼 한눈에 전체 본문을 관찰하

고 핵심 메시지를 머릿속에 넣을 수 있다. 결국 묵상의 핵심은 관찰한 본문을 하루 종일 기억할 수 있어야 하는 것이다. 본문을 볼 수 없는 상황에서도 읊조릴 수 있어야 한다. 이렇게 본문 관찰하는 훈련을 한다면 운전할 때도, 대중교통을 이용할 때도, 집안일을 할 때도, 잠들기 직전에도 성경 없이 말씀을 묵상할 수 있다. 결국 본문의 중심 사상을 간결하게 요약할 수 있는 자신만의 비법을 가져야 한다.

설화체와 강화체 각각의 특징을 살펴보는 과정에서 설화체 성격에 맞는 "누가/무엇을 관찰법"과 강화체 성격에 맞는 "주어/동사 관찰법"을 제시하였다. 이미 성경연구에 관련된 책은 쉽게 접할 수 있다. 그러나 필자가 본문 관찰의 단계에서 독특하지만 간략한 방식만을 제시한 이유는 하나이다. 영적 가장이 처음부터 복잡한 방식의 관찰법으로 묵상을 훈련하면 지속성을 담보하기 어렵다. 첫 시작은 쉽고 간결해야 한다. 목표를 분명히 정해보자. 가정예배를 인도하는 영적 가장은 본문 내용을 가족들에게 쉽게 전하는 것이다. 영적 가장 스스로가 본문을 깊이 이해하고 자주 읊조릴수록 가족에게 쉽게 전달할 수 있다. 다시 한번 강조한다. 가장 중요한 것은 본문 관찰이다. 전문가가 기록한 해설서가 결코 본문을 대신할 수 없다. 영적 가장이 본문만 가지고 씨름하겠다는 결단과 노력이 필요하다.

2) 본문 해석의 단계 '질문지 만들어 가족과 신앙적 대화'

최근 온라인에서 성경을 해석해주는 영상이 홍수처럼 쏟아지고 있다. 문제는 수많은 영상 속에 독버섯과 같은 이단의 가르침이 버젓이 활개를 치고 있다는 것이다. 영적 가장이 하나님의 말씀을 올바르게 분별하는 묵상 훈련을 받지 못한다면 믿음의 가정 전체가 무너지는 결과를 초래한다. 앞서 설화체와 강화체의 관찰법을 통해서 본문을 머릿속에 새기는 방법을 살펴보았다. 이제 영적 가장은 가정예배 때 자신이 묵상한 말씀을 가족들에게 전하는 것과 동시에 말씀을 근거로 나눌 수 있는 질문을 준비해야 한다. 이것이 바로 본문 해석의 단계이다. 본문 해석은 본문을 관찰하는 과정에서 영적 가장이 먼저 질문을 던져보는 것에서 시작해야 한다. 여기서 분명히 기억해야 할 점이 있다. 본문을 관찰하는 가운데 생긴 질문에 제한을 둘 필요가 없다. '이런 것을 질문해도 될까'라고 생각하는 것도 질문 목록에 작성해보자. 본문을 관찰하는 과정에서 궁금한 것은 무엇이든 질문해보자.

그렇다면 던진 질문의 답은 어디서 찾아야 할까? 본문을 관찰하는 가운데 가지게 된 질문이라면 해답 역시 성경에 있다. 단, 묵상하는 본문 안에서 답을 찾을 수 있고 성경의 다른 본문에서도 답을 찾을 수 있다. 그래서 필자는 영적 가장들이 반드시 『관주성경』을 이용해서 말씀 묵상하기를 강력하게 추천한다. 관주성경의 가장 큰 장점은 모든 구절마다 그와 연관되어 있는 구절이 최소 2개 이상 제시되어 있다. 연관되어 있는 구절을 따라가다 보면 질문에 대한 답을 찾을 수 있을 뿐 아니라 본문의 깊이 있는 내용도 이해할 수 있다. 영적 가장이 관주성경의 안내를 따라가다 보면 측량할 수 없는 은혜의 부요함을 경험할 수 있다.

본문을 해석하는 과정에서 성경 이외에 다른 것을 먼저 찾아보려는 유혹이 찾아온다. 관주성경을 하나하나 따라가는 것보다 쉽게 답을 찾을 수 있기 때문이다. 전문가들이 기록한 해설서는 넘치고 클릭 몇 번 하면 온라인에서도 쉽게 답을 찾을 수 있는 것은 사실이다. 그러나 영적 가장은 이 유혹을 과감히 뿌리쳐야 한다. 본문 해석에 있어서 최우선으로 삼아야 하는 것은 성경 그 자체이다. 관련된 책, 기사, 영상은 다음 순서이다. 바르게 훈련 받은 말씀 묵상을 토대로 가정예배를 세우기 원하는 영적 가장이라면 꼭 관주성경을 이용해 보자. 앞서 예시로 든 본문 마가복음 2장 23절-3장 6절과 야고보서 1장 19-27절을 통해서 본문 해석의 단계를 알아보자.

▣ 마가복음 2:23-3:6 질문과 관주성경을 이용한 해석 예시

누가(who) ① 제자들

　무엇을(what) ①　밀밭 길을 열고 있음

Q. 이것이 안식일을 범한다고 할 정도로 큰일인가?

A1. 마 12:1-8 (제자들이 시장하여 이삭을 잘라먹음)

A2. 곡식을 얻는 방식에 대한 말씀, 신 23:25 (손으로 자르는 것은 가능, 낫을 이용하는 것은 불가)

A3. 안식일에 의도적으로 일하는 자에 대한 판결, 민 15:32-36 (안식일에 나무를 벤 자)

누가(who) ② 예수 그리스도

　무엇을(what) ① 밀밭 사이를 지나가심

　무엇을(what) ② 바리새인들에게 질문하심

　무엇을(what) ③ 사무엘상 21장에 대한 해석을 가
르치심

Q1. 안식일에 대한 바리새인들의 비난에 안식일과 상관없는 말씀을 하신 이유?

A1. 제사장 외에는 못 먹는 진설병 먹는 규례(레 24장)

누가(who) ② 예수 그리스도
  무엇을(what) ④ 사람이 안식일을 위하여 있는 것
                  이 아니라 안식일이 사람을 위하여
                  있는 것이라 말씀하심
  무엇을(what) ⑤ 인자가 안식일의 주인이라고 하심
  무엇을(what) ⑥ 회당에 들어가심
  무엇을(what) ⑦ 손 마른 사람에게 말씀하시고 회
                  복시키심
Q1. 안식일 치료의 기준?
*A1. 하나님의 치유는 인정 / 의사의 치료는 노동으로
간주, 그러나 생명과 관련된 치료는 예외*

누가(who) ② 예수 그리스도
  무엇을(what) ⑧ 안식일에 무엇을 행해야 하는가
                  질문하심
  무엇을(what) ⑨ 사람들의 마음이 완악함을 탄식하
                  시고 노하심으로 둘러보심

누가(who) ③ 바리새인들
  무엇을(what) ① 예수께 질문: 제자들이 어찌하여
                  안식일에 하지 못할 일을 행합니까?
Q1. 안식일에 하지 못할 일이 대체 무엇인가?

A1. 눅 14:1-6(안식일에 병 고치심, 소가 우물에 빠졌을 때 건져 올리는 것)

A2. 신 22:1-4(못 본 체하지 말고, 그렇지 않으면 가증한 자이니라, 안식일 규례는 아님)

A3. 안식일을 범한다고 말하던 이들이 완악함에 대해 지적할 때 잠잠해짐

누가(who) ③ 바리새인들

　무엇을(what) ② 헤롯당과 함께 어떻게 예수를 죽일까 의논

누가(who) ④ 회당에 있는 사람들

　무엇을(what) ① 예수를 고발하기 위하여 주시: 안식일에 사람을 고치는지 여부를 확인

Q1. 주시에 대한 온도는?

A1. 눅 14:1(엿보다) / 눅11:54(책잡고자 노리다)

앞서 연습한 본문 관찰 내용 하단에 질문(Q)과 관주성경을 통해 찾은 답(A)은 이탤릭체로 표시해 두었다. "제자들이 밀밭 길을 열고 있는 것"에 대해서 조금 더 자세히 살펴볼 수 있는 본문은 마태복음 12장이라는 것을 관주성경에서 찾아볼 수 있다. 마태복음 12장에서는

"제자들이 밀밭 사이를 지날 때 배가 고파 이삭을 잘라 먹은 사건"에 대해 자세히 묘사하고 있다. 이 부분을 관찰하며 궁금한 점은 이탤릭체로 표기해 둔 대로 "이 사건이 바리새인들에게 비난받을 정도로 큰 범죄인가?"이다. 모세오경을 근거로 바리새인들이 제자들을 비난한다면, 이 본문이 모세오경의 어떤 부분에 상충되는 것일까 질문할 수 있다. 관주성경을 살펴보면 본문 옆에 신명기 23장과 민수기 15장이 기록되어 있다. 관주성경이 말해주는 주소를 통해 찾아간 신명기 23장과 민수기 15장에서 해답을 찾을 수 있다. 제자들의 행위 자체에는 문제가 없지만 바리새인들이 비난한 이유는 이날이 "안식일"이기 때문이었다. 이것이 바로 첫 번째 질문에 관주성경을 통해서 해답을 찾게 된 방법이다.

한 가지만 더 살펴보자. 제자들을 비난하는 바리새인들을 향해 예수께서는 사무엘상 21장의 내용을 근거로 그들의 비난이 잘못된 주장이라 일축하신다. 이 부분을 관찰하면서 가지게 된 질문은 "안식일에 대해서 바리새인들이 비난한 내용이라면 예수께서도 안식일에 대한 답을 주셔야 되는데 사무엘상 21장은 안식일과 무슨 상관이 있는가?"이다. 바리새인들과 예수께서 하신 대화만 보면 동문서답처럼 보인다. 이 부분에서 관주성경은 레위기 24장으로 안내한다. 거기서 관찰할 수 있는 것은 "제사장 외에는 누구도 먹을 수 없는 진설병"에 관련된 율법이다. 율법의 기준으로 사무엘상 21장을 살펴보면 진설병을 먹은 다윗과 그에게 진설병을 내준 제사장 모두 율법을 어긴 사람들이다. 그러나 예수께서는 사무엘상 21장에서 확인한 대로 다윗에게 진설병을 제공한 제사장의 결정을 칭찬하신다. 그 이유에 대해서는 마가복음 2장 말미에 분명히 드러나 있다.

> 안식일이 사람을 위하여 있는 것이요 사람이 안식일을 위하여 있는 것이 아니니 이러므로 인자는 안식일에도 주인이니라(막 2:27-28).

결국 이 본문은 안식일의 기본 정신을 잃어버린 바리새인들의 모습을 지적한다. 더 나아가 이 본문은 율법만 앞세울 뿐 한 영혼을 향한 긍휼함을 상실해버린 바리새인들의 뒤틀린 성경관을 꼬집고 있다. 안식일이 사람을 위하여 있는 것이다. 하나님께서는 그가 창조한 사람을 사랑하셔서 율법을 주셨다. 사무엘상 21장의 가르침과 오늘 본문의 핵심 메시지는 정확하게 일치한다.

제시한 여러 가지 질문 중 특별히 두 가지 질문을 관주성경으로 해결하는 방법을 살펴보았다. 성경을 읽으면서 궁금한 것들은 반드시 성경 안에서 답을 찾아야 한다. 성경을 관찰하고, 질문을 던지며, 이에 대한 답을 찾기 위해 성령께서 주시는 지혜를 겸손히 의지하며 다시 성경을 관찰할 때 하나님께서는 분명하게 말씀해주신다.

■ 야고보서 1:19-27 질문과 관주성경을 이용한 해석 예시

9절. 주어 - 형제들아
    동사 - 속히 듣고 / 더디 말하고 / 더디 성내라
20절. 주어 - 성내는 사람
    동사 - 하나님의 의를 이루지 못한다
Q1. '성낸다'는 표현이 두 번 반복해서 사용되었는데 성내는 것의 의미는?
A1. 명철한 자와 어리석은 자를 나누는 분명한 기준은 성내는 것(잠 14:29)

21절. 주어 - 더러운 것과 악
    동사 - 내버리라
Q1. '더러운 것과 악'은 구체적으로 어떤 개념일까?
A1. 더러운 것과 악의 내용이 구체적으로 열거되어 있는 본문(골 3:8, 벧전 2:1)

21절. 주어 - 영혼을 능히 구원하는 말씀을

　　　동사 - 온유함으로 받으라

22절. 주어 - 너희는

　　　동사 - 말씀을 행하는 자가 되라

22절. 주어 - 너희는

　　　동사 - 듣기만 하여 자신을 속이지 마라

23-24절. 주어 - 누구든지

　　　동사 - 말씀을 듣고 행하지 아니하면

　　　결과 - 거울로 자신의 얼굴을 보고 자신의 모습을
　　　　　　잊어버리는 자와 같다

25절. 주어 - 자유롭게 하는 온전한 율법을 들여다보는
　　　　　　자는

　　　동사 - 듣고 잊어버리는 자가 아니요

　　　동사 - 실천하는 자

　　　결과 - 복을 받으리라

Q1. 자유롭게 하는 온전한 율법의 의미는?

*A1. 자유의 율법에 대한 명확한 정의와 나아가야 될
길(벧전 2:16-17)*

26절. 주어 - 자기 혀를 재갈 물리지 않고 마음을 속이
　　　　　　는 자

　　　동사 - 경건하다고 스스로 생각하나

결과 - 그 경건은 헛것이다.

27절. 주어 - 하나님께 인정받는 경건은

동사 – 환난 중에 있는 고아와 과부를 돌보고

동사 - 자기를 지켜 세속에 물들지 않게 한다

본문 관찰을 토대로 3가지 질문을 던져보았다. 첫 번째 질문은 "성내는 것"에 관한 것이다. 관주성경은 이 본문을 잠언 14장으로 안내한다. 잠언 14장에서 "성내는 것을 더디게 하는 자는 크게 명철하지만 마음이 조급한 자(성내기를 급히 하는 자)는 어리석음을 나타낼 것"이라고 한다. 어리석게 살아가는 사람이 어떻게 하나님께 영광 올리며 살아갈 수 있겠는가? 그래서 오늘 본문은 성내는 자가 하나님의 의를 이루지 못한다고 선언하는 것이다. 결국 성내는 자는 어리석은 자이고, 어리석은 자의 삶은 결코 이웃들에게 하나님의 영광을 드러낼 수 없다. 그래서 본문은 성내는 것에 대해 두 번이나 반복해서 기록하며 강조하고 있다.

두 번째 질문은 "더러운 것과 악"이라고 표현된 모호함에 관한 것이다. 그러나 "더러운 것과 악의 개념"을 명확하게 알고 있어야 피할 수 있다. 구체적인 리스트가 궁금하다. 이 부분에 대해서 관주성경은 우리를 골로새서 3장과 베드로전서 2장으로 안내한다. 골로새서 3장에서 제시하는 리스트는 "분함, 노여움, 악의, 비방, 입의 부끄러운 말"이다. 베드로전서 2장에서 말씀하는 더러운 것과 악에 대한 목록은 "모든 악독, 모든 기만, 외식, 시기, 모든 비방하는 말"이다. 이것이 바로 "더러운 것과 악"이다. 관주성경의 안내에 따라 더러운 것과 악의 요소에 대한 자세한 리스트를 보는 순간 숨이 막힌다. 우리의 일상에서 의지를 가지지 않고도, 자연스럽게 흘러나오는 말과 행동 중 많은 부분을 "더러운 것과 악"한 요소가 차지하고 있기 때문이다.

이 질문으로 영적 가장은 가족들에게 동일한 질문을 던질 수 있다. 하나님의 백성으로 부름 받은 우리 가족이 "더러운 것과 악"에 빠진 요소가 무엇이 있을까? 가정예배를 드리는 우리 가정이 "더러운 것과 악"에 넘어가버린 요소는 무엇일까? 본문 해석 과정에서 던진 질문에 먼저는 영적 가장이, 그 다음은 함께 가정예배를 드리는 가족이 정직하게 답해야 한다. 그리고 야고보서 본문은 단호히 말씀하고 있다. "내버리라 (Get rid of)!"

이것이 바로 가정예배를 인도하는 영적 가장이 훈련해야 할 본문 해석의 단계이다. 하나님의 말씀을 바르게 이해하는 영적 가장은 함께 가정예배를 드리는 가족들을 말씀으로 세울 수 있는 질문을 던질 수 있다. 영적 가장은 가정이 처한 상황을 가장 정확하게 알고 있어야 한다. 영적 가장은 구체적인 상황 속에서 가족 모두를 살피고, 가정예배를 통해서 나눈 말씀을 근거로 구체적인 기도제목으로 중보해야 할 책임이 있다. 그래서 본문 관찰 훈련만큼 중요한 것이 본문 해석 훈련이다. 가정예배 순서지에 있는 질문에 답을 적는 것에 급급할 필요가 없다. 가정의 상황을 가장 잘 알고 있는 영적 가장은 묵상한 본문을 근거로 가족들을 향해 하나라도 제대로 질문하고 함께 자신의 생각을 나눌 수 있도록 인도해야 한다. 가정예배를 드리는 동안 말씀을 묵상하는 가운데 가족 중 누군가가 질문을 던진다면 온 가족이 함께 성경을 찾아보는 것도 좋은 방법이다. 온 가족이 함께 찾은 말씀은 쉽게 머릿속을 떠나지 않을 것이다. 그 말씀이 곧 우리 가정이 붙들고 살아가게 될 말씀이 된다. 다시 한 번 강력하게 요청한다. 가정예배를 위해 먼저 말씀 묵상을 훈련하기 원하는 영적 가장이라면 반드시 『관주성경』을 곁에 두기를 권면해 드린다.

3) 본문 적용의 단계 '나눈 말씀을 힘써 행하겠다는 다짐'

말씀 묵상의 꽃은 적용이다. 앞서 관찰한 야고보서 1

장이 이를 증명한다. 말씀을 듣기만 하여 자신을 속이는 자가 되지 말고 말씀을 행하는 자로 바르게 서야 한다. 본문을 관찰하고 해석하는 것에 머무르지 말고 적용 단계까지 넘어가야 한다.

특별히 가정예배 안에서 본문 적용은 매우 중요하다. 관찰과 해석을 통해서 본문의 의미를 발견했다면 그 말씀을 적용하기 위해 온 가족이 힘을 쏟아야 한다. 베드로전서 1장은 본문 적용에 대해 구체적으로 말씀해주고 있다.

> 너희는 그를 죽은 자 가운데서 살리시고 영광을 주신 하나님을 그리스도로 말미암아 믿는 자니 너희 믿음과 소망이 하나님께 있게 하셨느니라 너희가 진리를 순종함으로 너희 영혼을 깨끗하게 하여 거짓이 없이 형제를 사랑하기에 이르렀으니 마음으로 뜨겁게 서로 사랑하라 (벧전 1:21-22)

하나님께서는 그리스도로 말미암아 믿게 된 우리에게 진리의 풍성함을 이해할 수 있도록 인도하신다. 이 진리를 삶 속에 적용할 때 우리의 영혼은 정결해진다. 하나님의 말씀으로 정결하게 된 가정은 주변의 이웃을 그리스도의 사랑으로 섬길 수 있다. 그런 면에서 적용은 말씀 묵상에서 반드시 포함되어야 할 중요한 요소이다. 목회자들의 목회자라 불리는 유진 피터슨(Eugene H. Peterson)은 적용에 대해서 이렇게 강조했다.

> 하나님이 행하신 과거의 활동은 결코 과거의 일로만 머물지 않는다. 그것은 현재의 활동이 된다. 지금의 다윗과 관계있는 현재의 활동이 되는 것이다. 모세와 다윗 사이의 시간 차이는 사라진다. 그 둘은 믿음을 통해 동시대인이 된다. 이러한 복음의 삶 속에는 단순히 과거이기만 하거나 단순히 교리이기만 한 것은 없다. 모든 것은 현재적이며, 삶을 위한 것이 된다.[2]

그렇다면 올바른 적용은 어떤 요소를 담고 있어야 할까? 오랜 시간 동안 귀납적 성경연구를 캠퍼스 사역에 접목시키기 위한 노력의 열매인 『개인성경연구 핸드북』에서 적용은 3P[3]가 반드시 포함되어 있어야 한다고 지적한다.

첫째는 개인적(Personal) 적용이다. 특별히 가정예배를 인도하는 영적 가장은 자신에게 먼저 묵상한 말씀을

---

2) Eugene H. Peterson, 『다윗 현실에 뿌리박은 영성』 (서울: IVP, 1999), 329.
3) 이재천, 『개인성경연구 핸드북』 (서울: IVP, 2003), 50-52.

적용해야 한다. 묵상한 성경을 올바르게 적용하면 삶의 변화가 눈에 띄게 보일 수밖에 없다. 말씀으로 변화된 영적 가장의 존재 자체가 하나님께서 살아계신다는 증거이다. 이렇게 준비된 영적 가장과 함께하는 가정예배에서 가족 모두는 하나님의 살아계심을 온전하게 경험할 수 있다.

둘째는 구체적(Practical) 적용이다. 적용은 묵상한 말씀으로 삶의 변화가 이루어지는 핵심 관문이다. 애매모호한 적용점은 결코 삶의 변화를 이끌 수 없다. "오늘 하루 최선을 다해서 섬기겠다."고 적용했다면 구체적으로 누구를 어떻게 섬길지 명확하게 적용해야 한다. "그리스도의 사랑으로 이웃을 사랑하겠다."고 적용했다면 구체적으로 이웃은 누구인지, 어떻게 만날 것인지, 어떤 방식으로 사랑할 것인지 세밀하게 적용해야 한다. 가정예배를 드린 후 가족 모두가 처한 상황에 따라 맞춤형으로 다양하게 적용할 수 있도록 영적 가장은 가족들의 형편을 살피고 배려해야 한다.

셋째는 실현 가능한(Possible) 적용이다. 아무리 적용이 개인적이고 구체적이어도 그것이 실현 가능하지 않다면 묵상한 본문과 우리의 삶 사이의 이중적 괴리감에 빠진다. 이웃을 사랑하겠다고 당장 동토의 땅 북한을 향해 비행기를 타고 갈 수는 없다. 말씀 묵상에 목숨을 걸겠다며 생업을 포기할 수도 없다. 가정예배를 통해 결단하게 된 점은 이후에 온 가족이 반드시 확인하고 서로 격려할 수 있도록 실현 가능해야 한다.

4) 하루 종일 읊조리는 말씀

여기까지 읽어오다 보면 한 가지 질문이 떠오른다.

"하나님의 말씀을 어떻게 매일, 매 순간 떠올리고 읊조릴 수 있을까? 앉은 자리에서 본문 관찰과 해석, 적용까지 다 하고 싶은데 시간이 없으면 어떻게 해야 할까?"

본문을 묵상하는 시간에 관찰-해석-적용을 모두 할 수 있는 것이 가장 이상적이다. 그러나 현실은 분주한 일상에서 본문을 관찰하는 것조차 어렵다. 그러면 어떻게 해야 할까? 방법은 하나, 하루 종일 성경 없이도 묵상할 수 있도록 본문을 머릿속에 새기는 것이다. 오래 전에 본 인상 깊은 영화 줄거리가 지금도 생생하게 기억나는 이유가 바로 이것이다. 그렇다면 성경 없이도 묵상할 수 있도록 매일 말씀을 암송해야 하는 것일까? 물론 암송하는 것이 가장 확실한 방법임에는 틀림없다. 그러나 분주한 일상을 이어가야 할 우리의 삶 속에서 5절 이상 되는 말씀을 날마다 암송하는 것은 분명 쉽지 않다.

본문을 묵상한 후 이해한 내용을 '자신의 언어'로 기록해보자. 자세한 방법은 앞 장에서 설명하였다. 자신의 언어로 기록하기 위해서는 반드시 본문을 5-10회 정독해야 한다. 본문을 한 번 혹은 두 번 읽는 것으로 묵상한 본문을 머릿속에 하루 종일 담아 두는 것은 결코 쉽지 않다. 본문을 최소 5회 이상 읽으면 묵상한 본문의 내용이 어느 정도 머릿속에 새겨진다. 여기서 한 걸음 더 전진해 보는 것이 자신의 언어를 이용해서 묵상한 본문을 다시 기록해보는 것이다. 앞서 나눈 마가복음 2장과 야고보서 1장을 가지고 자신의 언어로 기록하는 예시를 작성해보겠다.

▣ 마가복음 2:23-3:6을 5-10회 정독한 후 기록한 '자신의 언어'

안식일에 예수님께서 제자들과 함께 밀밭을 지나고 계셨습니다. 그때 바리새인들이 예수님과 제자들을 비난했습니다 "안식일에 왜 당신들은 율법을 어깁니까?" 바리새인들이 예수님께 질문합니다. 그러나 예수님께서는 다윗 이야기를 들려주시며 "안식일이 사람을 위하여 있는 것이 아니냐"고 반문하십니다.

안식일에 예수님께서 회당으로 들어가셨습니다. 거기에는 오랫동안 병으로 고통하는 사람이 있었습니다. "과연 예수님께서 안식일에 저 사람을 치료해주실까?" 사람들은 수군거리며 비방하기 위해 이 모든 상황을 예의주시하고 있었습니다. 선을 행하는 것이 당연하고 생명을 구하는 것이 당연한데 안식일이라는 이유만으로 아무것도 하지 않고 오히려 율법으로 정죄하려고 하는 이들의 태도에 예수님은 화가 났습니다. 결국 예수님께서는 주변의 시선과 상관없이 아픈 사람을 치료해주셨습니다. 이 상황을 처음부터 끝까지 본 바리새인은 예수님을 어떻게 죽일지 다른 사람들과 의논하기 시작했습니다(막 2:23-3:6, 자신의 언어로 재구성한 방식).

▣ 야고보서 1:19-27을 5-10회 정독한 후 기록한 '자신의 언어'

사랑하는 동역자 여러분, 우리는 많이 듣되 말하는 것과 화내는 것은 자제해야 합니다. 사람이 화를 내면 하나님의 말씀을 이룰 수 없습니다. 우리는 죄의 유혹을 이겨내고 말씀에 집중해야 합니다. 그러나 주의해야 할 점이 있습니다. 말씀을 듣는 것으로 만족하지 말아야 합니다.

반드시 들었던 말씀을 행해야 합니다. 거울을 본 후 고쳐야 할 부분을 발견했는데 고치지 않는다면 얼마나 우스운 일입니까? 말씀을 듣고 행하는 사람은 반드시 하나님의 은혜를 경험할 것입니다. 이것이 바로 경건한 삶입니다. 경건한 삶의 열매는 무엇으로 나타날까요? 가족과 이웃을 섬기고, 그들을 위해서 기도하는 삶입니다(약 1:19-27, 자신의 언어로 재구성한 방식).

종합해보면 이와 같다. 본문을 5회 이상 10회까지 읽으면 본문이 분명 머릿속에 남아 있을 수 있게 되고, 이것을 재차 '자신의 언어'로 기록할 수 있다면 그날 묵상한 말씀을 하루 종일 읊조릴 수 있게 된다. 하루 종일 본문을 읊조리며 지낸 후 저녁 잠들기 전에 느낀 점과 적용한 내용을 지면에 기록하면 의미 있는 경건 생활 노트가 될 수 있다. 본문이 쉽게 이해되지 않는다는 이유로 본문에 대한 해설에 의존할 필요가 없다. 정말 말씀으로 인도함 받기 원하는 믿음으로 본문을 가지고 하루 종일 읊조린다면, 우리 안에 계시는 성령께서 지혜와 계시의 영으로 본문의 의미를 밝히 깨닫게 해주실 것이다.

가정예배 인도를 준비하는 영적 가장에게 말씀 묵상 훈련은 필수 요소이다. 영적 가장이 하나님의 말씀을 읊조리는 분량만큼 믿음의 가정은 그리스도의 장성한 분량에 이르는 은혜를 경험할 수 있다. 하나님께서는 이렇게 영광스러운 가정예배로 온 가족을 초청하고, 이를 위해 영적 가장을 말씀으로 세우신다. 영적 가장이 말씀과 기도로 준비되었으니 오늘 저녁부터 바로 가정예배를 시작해보자. 하나님께서는 결단하고 순종하는 가정에 크신 은혜를 공급해 주실 것이다.

4장

가정예배,
이렇게 세워봅시다

1780년 전후로 주일학교가 교회 안에서 중요한 위치를 차지하게 되었다. 주일학교가 시작된 계기는 교육 혜택을 받을 수 없는 다음 세대가 경험할 수밖에 없는 무지와 빈곤의 악순환을 끊어내기 위해서였다. 주일학교를 통해서 어린이들은 성경을 배우고 삶에 필요한 도덕과 윤리를 습득했다. 그러나 몇 가지 문제가 대두되었다. 하나님의 말씀인 성경을 도덕/윤리교육의 교과서 정도로만 대하는 결과를 초래했다. 또한 자녀의 신앙 교육을 주일학교에 전적으로 의존함으로써 가정 안에서 이루어지는 신앙 교육이 사라져버렸다. 현재 대부분의 기독교 가정은 자연스럽게 자녀들의 신앙 교육을 주일학교에 전적으로 맡기고 있는 실정이다.

　이 같은 상황이 결코 바람직하지 않은 이유는 '시간'적인 개념만 살펴봐도 충분히 이해할 수 있다. 자녀들이 주일에 교회에서 말씀을 배우는 시간은 길게 잡아도 120분이 채 되지 않는다. 주일학교 교육에만 전적으로 의지하는 가정의 자녀들은 일주일 10,080분 중 9,960분을 신앙 교육 없이 살아가야 한다. 가정 안에서 신앙 교육을 받지 못한 자녀들이 주일학교에서 배운 내용만 가지고 믿음으로 일주일을 살아갈 수 있을까? 거의 불가능에 가깝다. 하나님께서 선물로 주신 자녀들이 믿음으로 살아가고 성숙하기 원하는가? 영적 가장의 믿음이 자녀들에게 온전히 전수되기 원하는가? 그렇다면 가정예배를 시작하는 것에 더 이상 머뭇거릴 이유가 없다. 지금 바로 가정예배를 시작하겠다는 결단이 있기를 소망한다.

온 가족을 예배로 초대하는 영적 가장

하나님께서 가정을 세우시고 영적 가장에게 권위를 부여하셨다. "네 부모를 공경하라"는 십계명과 "주 안에서 너희 부모에게 순종하라"는 바울의 권면이 이를 증명한다. 하나님께서 영적 가장에게 권위를 주신 것은 다른 이유가 아니다. 이 권위는 영적 가장이 자녀를 믿음 안에서 말씀으로 양육하고 세우기 위해 하나님으로부터 부여받은 것이다. 영적 가장은 자녀가 말씀을 마음에 새기고 하나님과 기쁨으로 동행할 수 있도록 가르쳐야 한다. 자녀들이 죄의 유혹에 빠지지 않고 항상 하나님과 동행하는 믿음의 삶을 살 수 있도록 견인해야 한다.

이를 위해서 영적 가장은 자신이 먼저 말씀 앞에 겸비된 삶을 살아야 한다. 영적 가장이 하나님과 동행하는 일상을 살아갈 때 가족 모두는 생동감 있게 역사하는 하나님의 은혜를 경험할 수 있다. 영적 가장에게 기쁨과 감사가 넘치는 거룩한 일상이 없다면 가정예배를 드리기 위해 둘러앉은 자녀들 역시 거룩한 일상도, 기쁨과 감사를 주시는 하나님의 은혜도 누릴 수 없다.

많은 사람들이 입을 모아 시대가 달라졌다고 말한다. 과거에 비해 가정 문화도 180도 바뀌었다고 한다. 시대가 달라지고 가정 문화가 바뀌어도 가정만이 가지고 있는 고유의 가치가 떨어진 것은 아니다. 범사에 예배하는 영적 가장이 있는 가정의 가치는 오히려 더욱 높아진다. 모든 가족을 예배의 자리로 초대하는 영적 가장이 있는 가정은 복된 가정이다. 가정예배를 인도하기 위해 시간을 구별하여 하나님께 드리는 영적 가장이 있는 가정은 말씀의 반석 위에 굳게 세워진 믿음의 가정이 된다. 이것이 바로 영적 가장의 책임이다. 하나님께서는 오늘도 온 가족을 가정예배로 견인하는 경건한 영적 가장을 찾으시고 필요에 합당한 은혜와 복을 주시기 원하신다.

하나님께서 기뻐하시는 가정의 모습은 무엇일까? 가

족이 함께 식탁에서 교제를 나누고 하나님과 함께 동행하며 누렸던 일상의 은혜를 나누는 것이다. 가족 모두가 성경을 앞에 두고 오늘도 우리 가정을 안위하시는 하나님을 기쁨으로 찬양하고 예배하기 위해 힘써 모이는 것이다. 이것은 온전한 가정예배에 반드시 포함되어야 할 요소이다.

이제 우리는 가정예배를 온전하게 드리기 위한 실제를 살펴볼 것이다. 가정예배를 드리는 공간은 어떻게 꾸며야 하는가? 가정예배를 드리는 분위기는 어떠해야 하는가? 가정예배 순서는 어떻게 진행해야 하는가? 가족들과 어떻게 기도제목을 나누고 이를 기록할 것인가? 하나님께서 주신 권위로 어떻게 가족을 축복해야 하는가? 이 질문에 대한 답이 바로 가정예배에 반드시 포함되어야 할 요소이다.

기억과 기념으로 가득한 공간을 꾸미는 영적 가장

모세는 하나님께서 약속하신 가나안 땅에 들어가는 것을 앞두고 이스라엘에게 하나님의 말씀을 선포한다. 특별히 신명기는 이스라엘이 가나안에서 사는 동안 분명히 기억해야 할 것을 기록하고 있다. 모세오경에 특히 자주 등장하는 단어는 "기억"이다. 이 단어는 하나님께서 이스라엘과 함께하셨던 역사가 다가오는 모든 세대 이스라엘의 인식과 실제 삶에 지대한 영향을 미치고 있음을 의미하는 단어다.

> 그들이 먹을 때에 예수께서 떡을 가지사 축복하시고 떼어 제자들에게 주시며 이르시되 받아서 먹으라 이것은 내 몸이니라 하시고 또 잔을 가지사 감사 기도 하시고 그들에게 주시며 이르시되 너희가 다 이것을 마시라 이것은 죄 사함을 얻게 하려고 많은 사람을 위하여 흘리는 바 나의 피 곧 언약의 피니라(마 26:26-28)

예수께서 잡히시기 전 제자들과 만찬을 나누며 하셨던 말씀이다. 십자가를 대신 지신 예수께서 우리들에게 주기 원하셨던 것은 영원한 생명이다. 이 만찬은 예수 그리스도의 은혜로 받게 된 영원한 생명을 모든 세대가 기억할 수 있도록 주신 하나님의 배려다. 이것을 기억하고 기념하라는 준엄한 명령이 고린도전서에 기록되어 있다.

> 내가 너희에게 전한 것은 주께 받은 것이니 곧 주 예수께서 잡히시던 밤에 떡을 가지사 축사하시고 떼어 이르

시되 이것은 너희를 위하는 내 몸이니 이것을 행하여 나
를 기념하라 하시고 식후에 또한 그와 같이 잔을 가지
시고 이르시되 이 잔은 내 피로 세운 새 언약이니 이것
을 행하여 마실 때마다 나를 기념하라 하셨으니 너희가
이 떡을 먹으며 이 잔을 마실 때마다 주의 죽으심을 그
가 오실 때까지 전하는 것이니라(고전 11:23-26)

성만찬은 예수께서 다시 오실 때까지 성도들이 기억하
고 기념해야 한다. 성만찬을 통해 살펴볼 수 있듯이 기
억을 위해서는 그에 맞는 장치가 반드시 마련되어야 한
다. 구약에서 살펴보았던 각종 절기 역시 기억과 기념을
위한 장치였다. 가정 안에서도 기억과 기념을 위한 장치
가 시각화될 수 있도록 공간을 꾸며야 한다. 하나님을
기억하고 기념할 수 있는 요소로 공간을 가꿀 때 그곳
에서 드리는 가정예배의 효과는 더욱 커질 수 있다. 가
정예배를 드리는 공간에 우리 가정을 향한 하나님의 은
혜를 시각적으로 표현할 수 있는 모든 것들로 의미 있
게 장식해 보자. 영적 가장의 믿음을 세워 준 손때 묻은
성경을 비치해 보자. 그동안 필사한 성경을 두면 보다
큰 의미를 보여줄 수 있다. 자녀들의 유아세례 증서와
그 시간에 촬영한 사진을 놓을 수 있다. 가정예배를 통
해 받은 은혜를 기록한 후 액자에 넣어 전시할 수도 있

다. 가족들이 나눈 기도제목을 기록한 노트도 연도별로 놓아보자. 그 외에도 각 가정만의 독특한 요소들이 분명 있을 것이다. 숨겨놓지 말고 묵혀 두지 말자. 그 공간을 오가는 가족 모두가 항상 볼 수 있도록 비치해 두자. 이를 통해 가정예배를 드리는 공간은 거룩하신 하나님을 향한 기억의 공간이 될 수 있다. 이 공간에 비치해 둔 성경과 기도노트를 가정예배 순서에 활용하는 것도 좋은 방안이다.

분주한 일상의 쉼표, 주중 가정예배

지금까지 가정예배를 드리기 위해 영적 가장이 준비해야 할 요소를 살펴보았다. 영적 가장의 경건 훈련은 가정예배 준비의 핵심이다. 가정예배를 드리는 공간의 가치를 인식하고 이를 최적화로 가꾸는 것 역시 중요하다. 이제는 가정예배에 포함되어야 할 순서와 가치, 적실한 인도에 대해서 구체적으로 살펴보겠다. 아래에 제시한 내용은 필자가 집필하고 있는 『찐QT 가정예배 순서지』를 그대로 가져왔다. 본서 뒤편 부록에도 가정예배 순서지를 두었는데 거기에는 빈 칸으로 두고 가정예배를 준비하는 영적 가장이 채울 수 있도록 했다.

은혜의 마중물 붓기 - 간단한 다과를 준비해도 좋습니다.
한 주간 매일 말씀묵상을 통해 은혜 받은 내용을 서로 나누어 보십시오.
이후에 자연스럽게 가정예배를 시작합니다.

1 **사도신경** - 온 가족이 함께 믿음으로 신앙을 고백하며 예배를 시작합니다.

2 **찬송가** - 추천찬송 - 찬송가 212장 '겸손히 주를 섬길 때' / 은혜의찬양 72장 '내가 주인 삼은'

3 **말씀 나눔**
1. 정해진 본문에 구애 받지 않으셔도 됩니다. 한 주간 매일 말씀묵상을 통해 은혜 받은 가족 구성원 누구나 본문을 선택할 수 있습니다.
2. 정해진 본문을 통독 후 아래 핵심메시지를 중심으로 말씀을 나눕니다. 말씀 나눔이 어려우시면 가족 구성원이 함께 본문을 교독하거나 인도자가 낭독해도 좋습니다.

> 1) 하나님의 말씀은 저 멀리 하늘에 있는 것도 아니고 바다 건너편에 있는 것도 아닙니다. 하나님께서는 그분의 백성들의 입술과 마음에 말씀을 새기셨고 성령께서 밝히 깨닫게 하십니다. 세상 어떤 민족도, 어느 종교도 이 같은 은혜를 받지 못했습니다. 그렇기 때문에 하나님의 백성은 기쁨으로 말씀에 순종할 수 있습니다. 올해 우리 가정에 주신 하나님의 말씀은 무엇입니까? 이 말씀에 기쁨으로 순종할 수 있는 믿음을 온 가족이 함께 간구합시다.
>
> 2) 생명의 말씀을 주신 하나님께서 이스라엘 앞에 생명과 복, 사망과 화를 두신 후 선택의 몫을 남겨 놓습니다. 하나님께서는 이 모든 일에 대한 증거자로 하늘과 땅을 부르십니다. 약속에 신실하신 하나님께서는 이스라엘이 말씀을 대하는 믿음의 자세에 따라 생명과 복, 사망과 화를 주시겠지만 궁극적으로 원하시는 것은 온전한 순종입니다. 믿음의 가족 구성원 모두가 말씀에 불순종하게 하는 유혹을 이겨낼 수 있는 힘을 공급받고 순종으로 나아가는 결단이 있기를 중보합시다.

4 **가족 기도제목** - 말씀 나눔 후 가족과 함께 기도제목을 나눕니다.

_____

_____

_____

5 **영적가장 축복기도** - 나눈 기도제목으로 영적가장이 축복하며 기도합니다.

6 **주기도문** - 주님께서 가르쳐주신 기도로 예배를 마무리합니다.

토요일 저녁은 가정예배로!
토요일 저녁은 가정예배로 모여 온 가족이 함께 하나님께서 주신 은혜를 나누어 봅시다.

< 찐QT 가정예배 순서지 예시 >

1) 은혜의 마중물 붓기 '대화로 자연스러운 분위기 형성'

"간단한 다과를 준비해도 좋다. 한 주간 매일 말씀 묵상을 통해 은혜 받은 내용을 서로 나누며 자연스럽게 가정예배 분위기를 형성해보자."

가정예배를 드리기 위해 온 가족이 함께 둘러앉아 있다. 어떻게 시작할 것인가? 많은 이들이 "사도신경"이라고 대답할 것이다. 온 가족이 함께 사도신경으로 신앙을 고백하며 가정예배를 시작하는 것도 좋은 방법이다. 그러나 자칫 가정예배만의 고유한 특징인 '순서에 매이지 않는 자유로움'을 놓치고 가정예배 전체 분위기가 경직될 수도 있다. 자유롭게 대화하다가도 "사도신경으로 신앙고백 하겠습니다."라는 말에 분위기가 순식간에 경직되는 것을 경험해 보았을 것이다.

가정예배를 시작할 때 미리 준비한 다과를 나누며 자연스럽게 대화하는 분위기를 형성해보자. 가정예배를 드리는 이들은 말 그대로 가족이다. 그러나 가족 서로의 일상을 자세히 알고 있는 가정이 얼마나 될까? 익숙함에 빠져서 서로의 형편을 살피지 못하는 경우가 허다하다. 그렇기 때문에 가정예배의 첫 단추는 서로의 안부를 나누며 자연스러운 분위기를 형성하는 것이 무엇보다 중요하다.

다과를 나누는 것은 가정예배를 준비하는 시간이 아니다. 가족들이 다과를 나누며 서로의 일상을 나누고 안부를 살피는 것에서부터 이미 가정예배는 시작된 것이다. 다과를 준비하는 과정부터 영적 가장이 가족 한명 한명을 세심하게 살펴보자. 나누는 안부의 내용뿐 아니라 대화할 때 나타나는 표정의 미세한 변화에도 깊은 관심을 가져보자.

다과를 나누며 각자가 묵상한 말씀을 자유롭게 나누는 것도 큰 의미가 있다. 가족 모두가 받은 은혜를 나누는 과정에서 서로의 영적 상태를 확인할 수 있다. 자칫 이 시간이 길어질 수 있다. 영적 가장은 자신이 준비한 대로 가정예배를 인도해가기 원할 것이다. 가정예배를 준비하는 과정에서 묵상한 본문을 가족들과 함께 나누고 싶은 열망도 있을 수 있다. 그런데 안부와 은혜 받은 말씀을 나누는 시간이 길어지면 자칫 영적 가장의 마음이 초조해질 수 있다.

그러나 영적 가장은 길어지는 나눔의 시간을 다른 각도로 바라볼 필요가 있다. 이 시간 동안 하나님께서는 우리 가족 모두와 신실하게 동행하시며 각자에게 필요한 은혜를 공급하신다는 것을 생생하게 경험할 수 있기 때문이다. 이것은 가정예배를 드리는 가족만이 누릴 수 있는 특별한 은혜이다. 다시 한번 강조하고 싶다. 다과를 준비하고 나누는 바로 그 시점부터 가정예배는 시작된 것이다. 영적 가장이 가정예배를 철저히 준비하되 매 순간 성령님의 인도에 집중하고 민감하게 반응해보자. 이미 다과 앞에서 가족 중 누군가는 은혜를 받을 것이고 누군가는 통회하는 심령으로 자신의 기도제목을 나누게 되는 것을 경험할 수 있다.

2) 찬양 '왜 이 곡을 선택했는지 나누세요'

보라 내가 새 일을 행하리니 이제 나타낼 것이라 너희가 그것을 알지 못하겠느냐 반드시 내가 광야에 길을 사막에 강을 내리니 장차 들짐승 곧 승냥이와 타조도 나를 존경할 것은 내가 광야에 물을, 사막에 강들을 내어 내 백성, 내가 택한 자에게 마시게 할 것임이라 이 백성은 내가 나를 위하여 지었나니 나를 찬송하게 하려 함이니라(사 43:19-21).

기분이 좋을 때는 자신도 모르게 콧노래를 흥얼거리게 된다. 하물며 우리 가정을 말씀의 반석 위에 세우시고 신실하게 인도하시는 하나님께 올려드리는 가정예배에서 찬양은 결코 빼놓을 수 없다. 하나님께서 주시는 은혜를 누리고 경험하는 만큼 가정예배에서 올려드리는 찬양은 깊어질 것이다.

찬양을 선곡하는 방식은 다양하다. 가정예배를 준비하는 과정에서 본문을 묵상하고 삶에 적용한 영적 가장이 받은 은혜를 담아 찬양을 정해도 좋다. 자녀들이 부르고 싶은 찬양을 추천받아 함께 찬양하는 것도 좋다. 찬양을 선곡하는 방식보다 중요한 것은 그 찬양을 선곡한 이유를 나누는 것이다. 가정예배로 모인 가족이 왜 이 찬양으로 하나님께 영광 올려드려야 하는지 선곡한 이가 먼저 받은 은혜를 나누는 것이 중요하다. 가족 중 누군가가 함께 찬양하고 싶은 곡을 정했다면 "왜 이 찬양으로 가정예배 시간에 온 가족이 하나님께 영광 올려드렸으면 하는지"에 대해서 간략하게라도 나눌 수 있는 순서를 마련해보자.

찬양을 몇 곡 하는지에 대해서도 제한을 둘 필요가 없다. 심지어 찬양만 하다가 가정예배가 마무리될 수도 있다. "왜 이 찬양인가?"라는 질문에 온 가족이 함께 은혜 나눌 수 있는 찬양이라면 그 이유만으로 이미 가족 모두는 은혜 받을 준비가 되어 있다. 온 가족이 기쁨과 감사로 올려드리는 찬양은 분명 하나님께서 기뻐 받으시는 향기로운 예물이 될 것이다.

3) 예배 순서지 본문 & 가족 누구나 본문 선택

일반적으로 가정예배 순서지를 살펴보면 본문이 정해져 있다. 그러나 필자가 "가정예배 준비학교"에서 강의할 때는 반드시 가정예배 순서지에 기록된 본문을 따라갈 필요는 없다고 강조한다. 한 주간 매일 말씀 묵상을 통해 은혜 받은 가족 구성원 누구나 본문을 선택할 수 있다.

<연령대별 본문 관찰법>

가정예배 순서지에 있는 본문을 사용해도 좋고, 영적 가장이 가정예배를 준비하며 묵상한 본문도 좋다. "은혜의 마중물 붓기" 단계에서 함께 나누고 싶은 본문을 선택해도 의미가 있다. 중요한 것은 가정예배를 통해서 가족 모두가 꾸준히 하나님의 말씀 앞에 서는 경건 훈련을 가질 수 있다는 것이다.

본문 묵상에 대해서는 앞의 장에서 자세히 다루었다. 여기에서는 다양한 연령대로 구성된 가족들이 어떻게 같은 눈높이로 본문을 묵상할 수 있는지 살펴보고자 한다. 부모와 자녀의 평소 구사하는 단어는 말 그대로 하늘과 땅 차이다. 세대가 다르기 때문이다. 이 차이를 세심하게 살피지 못하면 가족 간 소통이 점점 단절되기 시작한다. 바로 이 지점이 가정예배가 중단되는 시점이며, 가족 간 갈등의 출발점이 된다. 가정예배를 시작하기 원하는 가정이라면 서로가 구사하는 언어의 차이를 이해하고 배려하는 것에서 시작해야 한다. 이를 위해서 몇 가지 짧은 제안을 드리려고 한다.

첫째, 영유아 연령대 자녀와 함께 가정예배를 드리는 경우이다. 이때 영적 가장은 자녀들과 함께 나눌 본문을 자신만의 이야기로 준비해야 한다. 영적 가장이 반드시 유념해야 할 것이 있다. 영유아 자녀와 함께 본문을 대할 때 반드시 서로 눈을 맞추며 상호 작용을 해야 한다. 영적 가장이 자신만의 이야기를 준비하는 것은, 자신이 준비한 본문을 재미있는 이야기로 재구성해서 영유아 자녀들에게 일방적으로 전달하라는 의미가 아니다. 영유아 자녀들과 평소 대화하다 보면 영적 가장이 생각하지도 못하는 질문을 한다. 가정예배를 드릴 때 영적 가장이 준비한 본문 이야기를 나누는 과정에서도 분명 우리의 자녀들은 질문할 것이다. 이 질문에 상호 교감하며 따뜻하고 온유하게 답하되, 본문의 의도는 분명히 전달해야 하는 것이 영적 가장의 책임이다. 생후 18개월 이후에 나타나는 성장기는 자기중심적인 인지적 전조작

기의 시기라고 말한다. 쉽게 말해서 이 시기 아이들은 모방을 통해서 학습하고 성장을 이룬다. 복잡한 설명은 못 알아들을지라도 아이들은 자신들의 눈에 보이는 대로 따라 하면서 학습하게 된다. 영유아 연령대 자녀와 함께 본문을 나눌 때 보이는 영적 가장의 태도는 곧바로 자녀들에게 흡수된다.

둘째, 어느 정도 언어 구사가 가능한 초등학생 자녀들과 함께 가정예배를 드리는 경우는 보다 독특한 방법을 제안해 보고 싶다. 함께 나누는 본문 한 절 한 절을 자녀들이 스스로 이해하는 언어로 다시 기록하게 하는 것이다. 영적 가장이 빠질 수 있는 함정이 하나 있다. 자녀들이 어느 정도 언어를 구사하기 시작하면 영적 가장이 이해하는 정도의 수준으로 자녀들도 본문을 이해할 수 있을 것이라고 생각한다. 이것은 착각이다. 장년들도 본문을 묵상하다 보면 이해되지 않는 내용이 수두룩하다. 본문이 말하는 의미가 무엇인지 찾지 못하는 경우도 허다하다. 하물며 초등학생 자녀가 성경을 읽을 때 이해되지 않는 부분이 얼마나 많겠는가? 게다가 함께 본문을 대하는 자녀들이 어느 정도 이 본문을 이해하고 있는지 겉으로만 봐서는 쉽게 판단할 수 없다.

그러나 자녀들이 자신들의 언어로 본문을 기록하게 하

면 두 가지 유익이 있다. 우선 자녀들이 본문을 어느 정도 이해하는지 영적 가장이 쉽게 확인할 수 있다. 자녀들이 이 본문의 핵심을 어떻게 파악하고 있는지 살펴볼 수 있다. 또 하나는 영적 가장도 본문을 쉽게 이해할 수 있다. 앞서 나눈 대로 영적 가장이라고 모든 본문을 명확히 이해할 수 있는 것은 아니다. 자녀들의 눈높이에서 재구성된 본문을 대하다 보면 영적 가장도 본문을 다른 시각으로 쉽게 접근할 수 있다. 이 시간을 통해서 본문에 대한 또 다른 통찰력을 얻게 될 수도 있다.

초등학생 자녀들과 함께 본문을 묵상할 때 영적 가장은 펜과 종이를 준비해보자. 각자에게 시간을 주고 본문한 절 한 절 자신이 이해하는 내용을 기록해보도록 하자. 그렇게 기록한 후 원래 본문(개역개정)을 가리고 자녀들이 기록한 내용을 가지고 함께 묵상하는 시간을 가져보자. 자녀들이 먼저 자신들이 기록한 내용으로 묵상한 것을 먼저 나누어보게 하자. 그 후 영적 가장이 가정예배를 위해 묵상한 본문의 원래 의미를 토대로 자녀들이 묵상한 내용을 격려하고 지지해보자. 이 방법을 잘 활용한다면 자녀들의 영적 수준과 성경을 이해하는 눈높이를 금방 확인할 수 있다. 성경을 이해하기 어려워서 자칫 성경을 멀리할 수 있는 시기에 가정예배를 통해서 자신들의 눈높이에 맞게 본문을 볼 수 있도록 격려받게 된다면 오히려 더욱 성경을 가까이할 수 있는 계기가 될 수 있다. 최근에는 다양한 연령대의 눈높이에 맞는 성경을 쉽게 찾을 수 있다. 그러나 자녀들이 자신의 힘으로 성경을 묵상하는 훈련을 통해서 믿음을 세우기 원한다면 자신들의 언어로 성경을 이해할 수 있도록 영적 가장이 적극 돕고 격려해주는 장이 더욱 필요하다. 바로 이 장이 가정예배라고 확신한다.

셋째, 언어 구사에 큰 문제가 없는 중고등부 이상 자녀들과 함께 본문을 나눌 경우이다. 이때 영적 가장의 위치는 그 어느 때보다 중요하다. 이 연령대 자녀들은 본문 이해와 더불어 "그래서 뭐요?(so what?)" 질문을 던지는 시기이다. 영유아부와 초등학생 자녀들과 함께 본문을 대할 때는 본문의 의미를 설명해주는 것만으로도 충분하다. 그러나 중고등부 이상 자녀들에게는 본문의 의미를 넘어서 '본문이 나에게 주는 의미'까지 나누어야 한다.

영적 가장이 본문을 묵상하다 보면 나누고 싶은 핵심 메시지가 최소 두 개 이상은 생긴다. 여기서 영적 가장이 반드시 기억해야 할 내용이 있다. 영적 가장은 본문의 모든 의미를 다 전달하기 위해 많은 시간을 할애할 필요가 없다는 것이다. 본문에서 가장 중요한 포인트 하나(One Point)를 선정하고 그것에 집중하는 것이 중요하다. 가정예배를 드릴 때 원 포인트를 가장 효과적으로 나눌 수 있는 방법이 있다. 영적 가장 스스로가 묵상한 원 포인트를 일상에서 치열하게 적용했던 삶을 나누는 것이다. 영적 가장은 '입'이 아닌 '삶'으로 믿음을 보여주어야 하는 존재들이다. 중요한 포인트 하나를 붙들고 믿음으로 살기로 결단하는 영적 가장은 중고등부 자녀들이 겪고 있는 고민과 어려움에 대해 쉽게 폄하하지 않을 것이다. 가정예배를 드리는 동안 자녀들과 함께 원 포인트를 잡아 보자. 영적 가장은 자녀들이 가정예배 이후 살아가는 삶에 원 포인트를 적용할 수 있도록 격려하고 중보해 보자. 이 연령대 자녀들과 함께 본문을 관찰하며 얻게 되는 '원 포인트'가 내 삶에 구체적으로 무엇을 의미하는지 고민할 수 있다면 가정예배를 준비하는 영적 가장도, 함께 본문을 나누는 자녀들도 살아계신 하나님을 생동감 있게 경험하는 영적인 진보를 이룰 수 있게 된다.

<적용> - What? Where? Why? How?

앞 장에서 본문 적용의 단계를 훈련할 때 핵심 요소로 3P를 제시했다. 그렇다면 3P전략으로 가정예배를 인도하는 영적 가장이 가족들에게도 올바른 적용을 위해 4가지 질문[1]에 대한 답을 함께 나눌 수 있도록 유도해보자.

첫째는 'What?'이다. 가정예배를 드리는 온 가족이 본문을 묵상할 때, 하나님께서 본문을 통해서 우리에게 요구하시는 것은 무엇인가? 또 무엇을 행해야 하는가?

둘째는 'Where?'이다. 가정예배를 통해 나눈 본문을 적용할 수 있는 구체적인 상황을 가족들과 함께 나누는 것이다.

셋째는 'Why?'이다. 특히 본문 묵상에 본을 보여야 되는 영적 가장은 본문의 원의를 함께 나눈 후 적용에 대해 함께 고민하는 범주를 '분명한 이유'까지 확장해야 한다. 이 부분을 총신대학교 신학대학원에서 설교학을 가르치는 김창훈 교수는 "우리가 하나님의 어떤 명령을 왜 그 상황에서 행해야 하는지를 제시하는 것이다. 그때 더욱 설득력이 있다."고 이해하기 쉽게 설명했다.

넷째는 'How?'이다. 무엇을, 어디에서, 왜에 대한 대답이 분명해야 하는 것만큼이나 적용의 방법도 구체적이어야 한다.

---

1) Bryan Chapell, 『그리스도 중심의 설교』 (서울: 은성출판사, 2016), 214-222.

자유로운 나눔과 교제를 바탕으로 가족 모두가 함께 인도해가는 가정예배는 주일에 본당에서 드리는 예배와 분명한 차이가 있다. 그러나 반드시 가지고 있는 공통된 요소가 있는데 그것은 바로 '적용'이다. 가정예배를 드리기 위해 가족 각자가 내려놓아야 할 요소들은 결코 적지 않다. "시간이 없어요." "그동안 가정예배를 드린 경험이 전혀 없어요." "지금 당장 해야 할 일이 너무 많아요." 이 외에도 얼마나 많은 이유로 가정예배를 드리지 못했는가?

그러나 이제 영적 가장을 중심으로 가족 모두가 가정예배를 결단했다면 가정예배를 통해서 가족 모두가 분명한 삶의 변화와 믿음의 진보를 경험해야 하지 않겠는가? 가정예배 가운데 적용이 반드시 필요한 이유이다. 우리 가정만의 적용도 좋다. 이번 한 주 우리 가족이 각자 살아가는 곳에서 적용한 것을 나누고 실천할 수 있도록 격려해보자. 적용은 자연스러워야 하지만 의지적으로 결단해야 한다. 적용은 결코 막연하지 않고 구체적이어야 한다. 적용은 뻔하지 않고 창조적이어야 한다. 여기서 말하는 '창조적'이라는 의미는 '새로운 어떤 것'을 의미하는 것이 아니다. 가정예배를 드리는 우리 가족만의 적용이 필요하다는 것을 의미한다.

4) 기도 '하나님의 신실하심을 경험하는 통로'

가정예배를 통해서 받은 은혜, 함께 묵상한 본문을 근거로 기도제목을 나누어 보자. 평소 가지고 있는 기도제목을 나누어도 좋다. 가정예배 안에서 기도제목을 나누는 것만으로도 큰 의미가 있다. 이 시간을 통해서 자녀들은 부모의 어려움을 알 수 있고, 부모들은 자녀의 고민을 살펴볼 수 있다. 기도제목을 나눌 때 영적 가장의 역할이 있다. 가정예배 안에서 나누는 기도제목이 막연하지 않도록 인도해야 한다. 가족 간 구체적인 기도제목이 나누어질 때 가족들은 서로를 위해 더욱 간절히 기도하고 하나님의 응답하심을 사모할 수 있다.

여기서 정말 중요한 한 가지를 권면해 드린다. 가정예배에서 나눈 기도제목을 기록하는 <가정예배 기도노트>를 반드시 활용하는 것이다. 흐린 잉크가 선명한 기억보다 오래 간다는 말이 있다. 기록하지 않으면 시간이 지남과 동시에 자연스럽게 망각하는 것이 사람이다. 그러나 기도제목을 기록해두면 이를 두고 꾸준히 기도할 수 있을 뿐 아니라, 나눈 기도제목이 어떻게 하나님의 인도하심을 받게 되었는지 분명하게 확인할 수 있다.

<가정예배 기도노트>는 앞선 장 '공간의 가치'에서 살펴보았듯이, 가정예배를 드리는 장소에 비치해 두면 더

욱 의미가 있다.

　신실하게 역사하시는 살아계신 하나님을 경험할 수 있는 가장 효과적인 통로는 바로 기도다. 기도제목을 나누고 기록하며 꾸준하게 관심을 가지고 서로를 돌아볼 때, 가정예배를 드리는 모든 가족은 하나님의 살아계심을 생생하게 경험할 수 있다. 반드시 <가정예배 기도노트>를 활용해서 기도의 끈을 계속 이어나가 보자.

　가정예배에서 기도제목을 나누는 시간을 통해서 온 가족이 균형 잡힌 기도를 훈련할 수 있다. 가정예배의 특징상 자칫 가족들의 개인 기도제목만을 나눌 수 있다. 물론 가족의 기도제목을 살피고 서로를 위해 중보하는 것은 분명 소중한 유산이다. 그러나 가정예배의 궁극적인 목표는 믿음 안에서 바르게 세워진 가정이 이웃에게 선한 영향력을 미치는 것이다. 그렇다면 가정예배를 통해서 드리는 기도의 지경을 넓혀야 한다. 가족만을 위한 기도를 넘어서서 이웃과 교회, 나라와 민족을 위한 기도까지 하나님께 올려드리는 믿음의 용량을 키워야 한다. 이렇게 깊고 넓은 기도로 세워진 가족 한 사람 한 사람은 일상을 살아가는 곳 어디에서나 하나님의 백성답게 살아갈 수 있게 될 것이다. 서현교회 담임이자 한국소그룹목회연구원 대표인 이상화 목사는 『매일 10시 한마음 기도노트』를 통해서 손가락을 활용한 균형 잡힌 기도제목을 소개하였고 이 내용은 『찐QT』 가정예배 순서지와 말씀 묵상 지면에서도 활용되고 있다. 기도제목은 아래와 같다.

검지 손가락 기도: 나 자신과 가정의 변화를 위한 기도
중지 손가락 기도: 섬기는 교회를 위한 기도
약지 손가락 기도: 한국 교회와 세계 교회를 위한 기도
소지 손가락 기도: 나라와 민족을 위한 기도
엄지 손가락 기도: 지구촌과 열방에 흩어진 선교사들을 위한 기도
펼쳐진 손을 마주잡고 드리는 기도: 연약한 지체들과 주일 예배를 위한 기도[2]

이 기도제목으로 온 가족의 균형 잡힌 기도생활을 세워보자. 가정예배가 거듭될수록 우리 가정의 기도로 이웃이 살고 교회와 나라가 세워지는 은혜를 경험하게 될 것이다. 인식의 한계를 넘어서 만사를 성취하시는 하나님의 능력은 지금도 가정예배를 드리는 우리와 함께하신다.

---

2) 이상화, 『매일 10시 한마음 기도노트』 (서울: 소그룹하우스, 2019), 5-9.

5) 영적 가장의 축복기도

"은혜의 마중물 붓기"로 시작한 가정예배가 어느덧 마지막 순서에 이르렀다. 믿음의 고백을 담아 하나님께 찬양으로 영광 올려드렸고, 하나님께서 주신 말씀으로 모든 가족이 자신의 묵상을 나누며 이를 토대로 기도제목을 나누었다. 가정예배 모든 순서를 통해서 온 가족이 지금도 살아계시는 하나님, 은혜 베푸시는 신실하신 하나님을 고백할 수 있음을 확인하였다. 정기적으로 꾸준히 드리는 가정예배를 통해 가족 관계도 믿음 안에서 회복되고 성령께서 하나 되게 하신 아름다운 믿음의 공동체로 든든히 서 나갈 수 있게 된다.

큰 은혜를 경험한 가정예배의 마지막 순서는 영적 가장이 한자리에 둘러앉아 있는 모든 믿음의 권속들을 축복하는 것으로 마무리하기를 권면 드린다. 가정예배 시간에 가족들이 함께 나눈 기도제목으로 영적 가장이 축복하며 하나님께 기도를 올려드려 보자. 하나님께서 기도의 향기를 기쁘게 받으시고 하늘의 신령한 것과 땅의 풍성함으로 채우실 것이다. 민수기 6장의 말씀을 가정예배 때마다 영적 가장이 낭독하는 것도 큰 의미가 있다.

여호와는 네게 복을 주시고 너를 지키시기를 원하며 여
호와는 그의 얼굴을 네게 비추사 은혜 베푸시기를 원하
며 여호와는 그 얼굴을 네게로 향하여 드사 평강 주시기
를 원하노라(민 6:24-26)

지금까지 주중에 드리는 가정예배의 실제에 대해서 함
께 나누어보았다. 긴 지면을 통해서 자세히 다루었지만
핵심은 '가정예배는 가정예배답게' 드리는 것이다. 영
적 가장은 성령의 인도하심에 민감하되, 가정예배를 인
도해야 되는 막중한 책임감을 가지고 말씀과 기도로 잘
준비해야 한다. 잘 준비된 영적 가장은 가정예배를 통해
가족들의 말과 행동, 작은 표정 하나에도 집중하고 한
번이라도 더 온 가족이 자신의 믿음을 나누는 기회를 만
들 수 있다.
가정예배는 자신의 형편을 거짓 없이 정직하게 구체적
으로 나눌 수 있는 유일한 장이다. 누구에게도 말할 수
없는 기도제목도 나눌 수 있다. 다양한 방식으로 함께
본문을 묵상할 수 있다. 이 시간을 통해 가족 모두는 하
나님을 알아가는 지혜와 지식이 장성한 분량으로 자랄
수 있게 된다. 가정예배는 영적 가장이 사랑하는 가족들
의 머리에 손을 얹어 마음껏 축복할 수 있는 복된 장이
다. 하나님께서는 가정예배를 드리기로 결단하는 가정

에 크신 은혜를 약속하신다.

지금까지 나눈 가정예배의 모습이 이상적으로 보이는 가? 믿음 좋은 누군가의 가정에서만 볼 수 있는 모습인가? 결코 그렇지 않다. 결단하고 준비하는 영적 가장이 있는 곳 어디든 이상적으로 보이는 가정예배가 눈앞에 펼쳐질 것이다. 지금까지 살펴본 가정예배의 모습이 우리 가정에서 드려지는 가정예배가 되기를 소망하며 기도로 준비해보자. 내일부터 시작하겠다고 결단하지 마라. 다음 주 혹은 다음 달부터 시작하겠다고 결단하지 마라. 가정예배를 통해서 가족 모두가 은혜 받고 믿음으로 성장하기 원한다면 지금, 바로 이 순간 결단하자. 그리고 가족들에게 함께 은혜의 장으로 나아가자고 권해보자. 이것이 바로 하나님께서 당신을 영적 가장으로 부르신 이유이다.

참 기쁨과 안식의 마침표, 주일 가정예배

너는 이스라엘 자손에게 말하여 이르기를 너희는 나의 안식일을 지키라 이는 나와 너희 사이에 너희 대대의 표징이니 나는 너희를 거룩하게 하는 여호와인 줄 너희가 알게 함이라 너희는 안식일을 지킬지니 이는 너희에게 거룩한 날이 됨이니라 그 날을 더럽히는 자는 모두 죽일지며 그 날에 일하는 자는 모두 그 백성 중에서 그 생명이 끊어지리라 엿새 동안은 일할 것이나 일곱째 날은 큰 안식일이니 여호와께 거룩한 것이라 안식일에 일하는 자는 누구든지 반드시 죽일지니라 이같이 이스라엘 자손이 안식일을 지켜서 그것으로 대대로 영원한 언약을 삼을 것이니 이는 나와 이스라엘 자손 사이에 영원한 표징이며 나 여호와가 엿새 동안에 천지를 창조하고 일곱째 날에 일을 마치고 쉬었음이니라 하라(출 31:13-15).

1) '주일 성수'와 '주일 예배 드리는 것'은 다르다

유튜브(YouTube)에 업로드 되어 있는 설교 영상들을 살펴보면 놀라운 사실을 발견할 수 있다. 특정 설교 영상의 조회수가 해당 교회 등록 성도의 수에 비해 월등히 많은 것이다. 특별히 비대면 상황 속에서 이 같은 현상이 두드러지는데 이를 가리켜 '설교 쇼핑'이라고 한다.

우리가 쉽게 오해하는 것이 있다. '주일 성수'와 '주일 예배 드리는 것'을 동일한 것으로 생각한다. 여기서 파생되는 현상이 바로 '설교 쇼핑'이다. 물론 예배 순서를 살펴보면 전체 예배 시간 중 설교가 차지하는 비중이 압

도적으로 많은 것은 사실이다. 그렇기 때문에 '주일 예배 드리는 것'을 '설교 한 편 듣는 행위'로 끝내는 경향을 많은 성도들에게서 발견할 수 있다. 문제는 설교 한 편 듣는 것을 주일 예배 드리는 것으로 이해하는 성도들이 점점 자신의 취향에 맞는 설교를 찾아다니며 듣는 것이다. 어느덧 본인이 등록한 교회와 '설교 쇼핑'을 따라 매주 설교를 듣는 교회가 동일하지 않은 기현상이 발생하게 되었다.

모든 문제의 시작은 '주일 성수'와 '주일 예배를 드리는 것'을 동일한 개념으로 받아들인 것에서 찾을 수 있다. '주일을 지키는 것'과 '주일 예배 드리는 것'은 분명 다른 문제다. 엄격히 말해서 '주일 예배를 드리는 것'은 '주일을 지키는' 수많은 행위 중 하나이다. '주일 예배 드리는 것'을 '주일 성수'의 개념과 일치시키는 순간 1시간 남짓 드려지는 예배 한 번, 또는 강단에서 30분 안팎으로 선포되는 설교 한 편을 듣고 남은 23시간을 하나님과 상관없이 주일을 보내게 된다.

마가복음 2장의 핵심은 바로 "안식일의 주인이 바로 인자"라는 진리이다. 그렇다면 주일을 보내는 성도의 자세는 분명 안식일의 주인이신 하나님만을 온전하게 향하는 하루가 되어야 한다. 주일을 온전하게 보내기 원하는 성도라면 아래와 같은 믿음의 고백이 있기 원한다.

- 평범한 일상을 멈추고 하나님께 시선을 집중하는 주일
- 거룩하신 하나님 앞에서 언약 백성인 우리들의 정체성을 확인하는 주일
- 거룩함과 성결함으로 하나님께 영광 올려드리겠다는 결단이 있는 주일
- 가족, 이웃들과 이 믿음, 기쁨, 결단을 함께 나누는 주일

성도들은 주일을 이처럼 특별하게 보내야 할 의무가 있다. 그렇기 때문에 필자는 주중에 드리는 가정예배와 주일에 드리는 가정예배를 다른 방식으로 살펴보려고 한다.

2) 주일에 받은 은혜를 나누는 장, 주일 가정예배

영성신학자 마르바 던(Marva J. Dawn)은 그가 저술한 『안식』에서 주일을 준비하는 가정의 모습을 이같이 묘사했다.

특히 안식일에(그리고 물론 한 주 내내) 우리는 가정이 쉼과 성취와 하나님의 은혜로운 사랑의 자리가 되어야 한다는 우리의 바람과 관심이 가정에 반영되기를 원한

다. 우리는 안식일을 준비할 때, 와서 우리와 함께함으로써 복이 되는 안식일의 여왕에 대한 존경심을 표현하기 위해 모든 것을 아름답게 꾸미려고 특별한 노력을 기울이고 싶어 한다. 나는 항상 토요일 스케줄에서 안식일의 여왕을 위해 준비하는 시간을 가능한 한 많이 확보하려고 노력한다.[3]

지금까지 같은 호흡으로 달려온 독자들에게 권면해 드리고 싶은 것이 있다. 주일을 온전하게 지내는 가운데 받은 은혜를 나누며 참된 안식을 경험하고, 이제 시작하는 한 주를 하나님과 동행하기로 결단하는 '주일 가정예배'를 반드시 드려보자. 주중에 드리는 가정예배의 시작이 "다과를 나누는 은혜의 마중물 붓기"라면, 주일에 드리는 가정예배는 온 가족이 함께 하는 식사로 시작해보자. 가족 모두 바쁜 일상을 지내다 보면 일주일이 지나도록 함께 식사하는 기회조차 가지기 어렵다. 주일 저녁 식사는 토요일에 미리 간소하게 준비하되, 온 가족이 함께 저녁 식사를 준비할 수 있는 식단으로 마련해보자.

식사를 마친 후 가정예배로 모인 가족이 나누는 주된 내용은 '주일'에 경험한 은혜가 되어야 한다. 각자가 자신의 자리에서 하나님께 올려드린 예배 가운데 받은 은

---

3) Marva J. Dawn, 『안식』, (서울: IVP, 2020), 244.

혜를 나누되 주일 예배 때 들었던 '설교'에만 범위를 제한하지 말자. 주일 예배는 다양한 요소가 포함되어 있다. 사도신경으로 삼위 하나님을 향한 믿음을 고백하는 가운데 은혜를 경험할 수 있다. 찬양팀과 함께 하는 찬양, 하나님께 정성을 다해 올려드리는 찬양대의 찬양을 통해서도 깊은 은혜를 누릴 수 있다. 함께 예배하는 성도들을 대표해서 하나님께 올려드리는 대표기도자의 기도를 통해서 통회하는 심령과 감사의 제목으로 지난 한 주간의 삶을 돌아볼 수 있다.

주일 예배뿐 아니라 주일을 온전히 보내는 일상 가운데 받은 은혜도 분명히 있다. 주일 예배를 드리러 가는 길에 운전하면서, 혹은 대중교통을 이용하면서 들었던 찬양의 은혜를 경험할 수 있다. 교회에 들어서자마자 반갑게 인사 나누는 영적 가족들과의 웃음 속에서도 기쁨을 누릴 수 있다. 어떤 것이든 좋다. 중요한 것은 주일 하루를 하나님 앞에서 온전히 보내는 가운데 경험한 은혜를 나누는 것에 있어서 '주일 예배', 특별히 '설교'에만 제한하지 않는 것이다. 온 가족이 주일 가정예배를 꾸준히 가지다 보면 분명 주일을 '하루'의 개념으로 온전하게 지킬 수 있다.

온 가족이 함께 빵과 음료를 나누는 애찬 시간을 가져 보자. 애찬을 나누는 동안 영적 가장은 시편 또는 고린

도전서 11장을 낭독한다. 하나님께 온전히 올려드리는 주일의 끝자락에 온 가족이 함께 고백해야 될 것은 하나님만이 우리 가정의 유일한 주인이시라는 진리다. 하나님의 말씀을 보고 들으며 이 진리를 고백했다면, 빵과 음료를 나누는 애찬을 통해서 우리의 오감 전체가 이 진리에 흠뻑 젖어들게 된다. 사도행전 2장에서 확인할 수 있듯이 초대교회 성도들은 가정에서 모일 때마다 빵과 음료를 나누며 그리스도의 죽음과 부활을 기념했다. 매주 애찬을 나누면서 동일한 말씀을 듣게 된다면 자칫 익숙함에 빠져 성찬의 소중함을 가벼이 여기지 않을까 걱정할 수 있다. 그러나 필자는 이 의견에 결코 동의하지 않는다. 매주 애찬을 나누는 가정은 전혀 이 같은 걱정을 하지 않는다. 정기적으로 애찬을 가지지 않는 이들의 막연한 걱정일 뿐이다. 애찬 시간은 하나님께서 나와 우리 가정에 베풀어 주신 은혜를 더욱 생생하게 기억할 수 있는 감사의 통로이다. 매 주일 저녁 온 가족이 함께 드리는 가정예배에서 애찬의 시간을 꾸준히 가져보자. 예수께서 생명을 내어 주심으로 우리 가정이 믿음을 가지게 되었다는 고백이 주일 가정예배에서 함께 애찬을 나누는 온 가족의 입술에서 흘러나오게 될 것이다. 주일에 경험한 기쁨과 감사가 있다면 가족 안에서만 나누는 것으로 만족하지 말고 멀리 떨어져 있는 가족들, 특별히 연로하신 어른들과 믿지 않는 가족들에게도 안부를 나누는 시간을 가져보자.

주일 저녁 온 가족이 함께 드리는 가정예배는 주일을 온전하게 올려드리는 가운데 배가의 은혜를 경험할 수 있는 복의 통로가 된다. 주일에 드리는 특별한 가정예배의 모든 순서를 통해서 온 가족은 다시 한번 '온전한 주일 성수'에 대한 믿음을 점검할 수 있다. 그 가운데 경험한 은혜는 믿지 않는 가족과 이웃들을 향해 자연스럽게 흘러간다. 우리 가정의 유일한 주인이신 하나님께서는 주일을 거룩하게 구별하여 영광 올려드린 믿음의 가정에 세상이 줄 수 없는 참 평안과 기쁨을 약속해 주셨다. 이것이 바로 하나님께서 약속하신 '복'과 '은혜'이다. 하나님께서 주신 크고 놀라운 '복'과 '은혜'가 가정예배를 드리는 가족 모두에게 풍성하게 임하게 될 것이라 확신한다. 이것은 변하지 않는 신실하신 하나님께서 다가오는 모든 세대에 주신 약속이기 때문이다.

5장

이렇게
기도해 봅시다

믿음으로 가정을 세우는 4대 절기

부활절

다시 살아나셔서 잠자는 자들의 첫 열매가 되신 주님.
죄로 인해 죽을 수밖에 없는 우리를 긍휼히 여기시고
대신 십자가 지신 주님의 사랑을 찬양합니다.
우리 가정이 한자리에 둘러앉아 예배할 수 있는
믿음을 주신 분은
우리를 위해 죽으시고 부활하신
예수 그리스도이심을 고백합니다.
부활과 영생의 소망을 더욱 굳건히 붙잡는
우리 가정이 되게 하옵소서.
생명의 주관자이신 예수께서
우리 가정을 항상 안위하시기에
믿음 안에서 감사하고

기쁨으로 하나님께 예배할 수 있음을 고백합니다.
부활의 기쁨을 나누는 우리 가족이
견실하며 흔들리지 않게 하옵소서.
부활의 감사를 고백하는 우리 가족이
주의 일에 더욱 힘쓰게 하옵소서.
부활의 소망을 이웃들과 믿지 않는 가족들에게도
나누는 복된 통로가 되게 하옵소서.
하나님께서 죽은 자 가운데서 살리신
그리스도를 전하며 살게 하옵소서.
부활 이후 약속하신 성령의 충만함이
우리 가정에도 임하게 하옵소서.
우리 가정에 영원한 생명을 주신
예수 그리스도의 이름으로 기도드립니다.
아멘.

맥추감사절

때를 따라 주신 이른 비와 늦은 비로
풍성한 소출을 허락하신 하나님.
언제나 우리에게 복을 약속하시고
신실하게 채우시는 하나님의 은혜를 찬양합니다.

지난 상반기 동안 주신 말씀에 순종할 수 있는
믿음을 주셨고
기쁨으로 예배할 수 있는 자리를 지킬 수 있도록
우리 가정을 안위해주시니 감사드립니다.
모든 것이 주께로 말미암았사오니
우리 가정이 힘을 다해 영광 올려드리는
믿음을 주옵소서.
특별함과 평범함 가운데 살아가는
일상의 곤고함 속에서도
항상 기뻐하며 쉬지 말고 기도하고
범사에 감사하는 가정으로 세워 주옵소서.
눈물로 씨를 뿌릴 때
기쁨으로 단을 거둘 수 있는 은혜를 주옵소서.
풍성하신 은혜로 상반기 동안 인도함 받은
우리 가정이 하반기를 바라볼 때
입에는 웃음이 가득하고
혀에는 찬양으로 가득하게 하옵소서.
맥추감사의 은혜를 주시고
장래를 소망하는 자리로 인도하시는
예수 그리스도의 이름으로 기도드립니다.
아멘.

추수감사절

추수의 기쁨을 주신 하나님.
지난 한 해 동안 우리 가정을 지켜주시고
감사의 제목과 풍성한 결실로
영광 올려드릴 수 있도록 인도해주신
하나님의 은혜에 감사드립니다.
고통 가운데 있던 이스라엘을 기억하시고
강한 손과 편 팔로 인도하신 하나님.
우리 가정에도 동일한 은혜를 허락하여 주옵소서.
우리 가정이 기쁨과 감사 가운데 있을 때에도,
슬픔과 낙담이 찾아오는 환경 가운데 있을 때에도,
젖과 꿀이 흐르는 땅으로 인도하시는
하나님의 신실하심을 믿는 가정이 되게 하옵소서.
우리 가정에 주신 소산의 만물을
항상 하나님 앞에 먼저 두기로 소원하는
청지기적인 믿음을 주시고
기쁨과 감사로 하나님께 나아가는
예배자가 되게 하옵소서.
추수감사절을 보내는 우리 가정은
항상 하나님께 감사하며
주의 이름을 찬양하는 자리에서

결코 떠나지 않게 하옵소서.
하나님과 가까이 동행하는 복을 허락해주신
예수 그리스도의 이름으로 기도드립니다.
아멘.

성탄절

길과 진리, 생명이신 독생자를 허락하신 하나님.
하나님께서 세상을 이처럼 사랑하셔서
육신의 몸을 입고 이 땅에 오신
아기 예수를 선물로 주셔서 감사드립니다.
우리 가정이 예수를 믿는 자마다
영생을 주시겠다고 약속하신 말씀을 굳게 붙들고
항상 하나님께 감사와 찬양으로
영광 올려드리게 하옵소서.
우리 가정을 통해서 성탄의 기쁨이
이웃에 전해지게 하옵소서.
예수께서 주시는 구원의 복된 소식을 듣지 못한 이들
경제적인 어려움과 육신의 곤고함으로
힘든 시기를 보내는 이들에게
성탄의 기쁨을 나누는 가정 되게 하옵소서.

우리 가정이 성탄의 기쁨으로
한 해를 마무리하기 원합니다.
믿음과 소망을 주신 하나님께 감사하며
온 가족이 서로를 사랑하고 섬기는
새해가 될 수 있도록 결단하게 하옵소서.
세상의 빛으로 오셔서 우리에게 진정한 기쁨을 주신
예수 그리스도의 이름으로 기도드립니다.
아멘.

가족이 함께 지키는 소중한 기념일

생일

생명을 주시고 사명을 맡기시는 하나님.
하나님께서 창세 전부터 택하신 00을(를)
이 땅에 보내주시고
믿음 안에서 한 가족이 될 수 있도록
은혜를 주셔서 감사드립니다.
1년에 한 번 맞이하는 생일이
하나님을 향한 기쁨과 감사로
가득 채워지는 하루 되게 하옵소서.

키와 몸무게가 자라고, 지식과 경륜이 커 가듯이
하나님을 알아가는 지혜와 지식의 부요함도
충만하게 되는 은혜를 주옵소서.
00의 간구에 응답하시는 하나님.
00을(를) 항상 안위해 주시고
환난 가운데 있을 때 응답하여 주셔서
00이 하나님을 유일한 주인이라 고백하게 하옵소서.
장수와 형통의 복을 주시고 만족함으로 채우시는
하나님의 다함없는 은혜를 경험하는
일생 되게 하옵소서.
이 땅에 00을(를) 태어나게 하신 하나님께서
00에게 주신 사명을 믿음으로 온전히 감당할 수 있도록
건강과 은사를 주옵소서.
00의 생명과 호흡을 주관하시고
항상 복 주시기 원하는
예수 그리스도의 이름으로 기도드립니다.
아멘.

입학

모든 지혜의 근원이신 하나님.

하나님께서 우리 가정에 00을(를) 선물로 주시고
지금까지 강건하게 인도해주신 은혜에 감사드립니다.
이제 새로운 학교에 입학하는 00에게
하나님의 다함없는 지혜를 허락하여 주옵소서.
좋은 친구들과 화목한 관계를 맺어갈 수 있도록
온유한 마음을 주시고
좋은 선생님들로부터 많은 것을 배울 수 있도록
겸손의 마음을 주옵소서.
무엇보다 우리 00이(가) 믿음을 가지고
새롭게 만나는 친구들과 선생님들 사이에서
좋은 친구, 좋은 제자가 될 수 있도록 도와주옵소서.
학업에 진보가 있게 하시고
하나님을 알아가는 지혜도 자라게 하셔서
하나님께 받은 은사를
견고히 계발할 수 있는 시기가 되게 하옵소서.
00이(가) 바뀌는 환경 속에서도
하나님을 향한 중심이 흔들리지 않도록
성령께서 말씀으로 00의 믿음을
견고히 세워 주옵소서.
사람의 걸음을 정하시고
그의 길을 기뻐하시는 하나님의 뜻을 따라 살아가는
00의 학교 생활이 되게 하옵소서.

풍성한 지혜를 선물로 주기 원하시는
예수 그리스도의 이름으로 기도드립니다.
아멘.

졸업

우리의 앞길을 예비하시고
신실하게 인도하시겠다고 약속하신 하나님.
어려움 속에서도 하나님께서 주신
지혜와 지식의 부요함을 따라 학업하게 하신 00이(가)
졸업할 수 있도록 은혜 주셔서 감사드립니다.
학업 기간 동안 모든 과정을 잘 마치고
지혜와 키가 한 뼘이라도 자랄 수 있었던 것은
전적인 하나님의 은혜임을 고백합니다.
이제 졸업 후 또 다른 세계를 향해 나아갑니다.
졸업은 그동안 밟아왔던 단계를 마무리하고
다음 단계로 가는 또 하나의 관문임을 기억하고
더욱 하나님과 동행하기로 결단하는 믿음을
00에게 주옵소서.
00의 발걸음이 하나님의 인도함을 받는
형통한 여정이 되게 하옵소서.

졸업 이후의 여정에서 마주하게 될
역경과 시련 가운데에도
지금까지 인도하신 하나님의 은혜를 기억하며
믿음으로 이겨내게 하옵소서.
00이(가) 졸업하기까지 수고하신
선생님들과 모든 가족에게도
동일한 은혜를 허락하여 주옵소서.
지금까지 인도하신 은혜로 00의 앞길도
인도하기 원하시는 예수 그리스도의 이름으로
기도드립니다.
아멘.

이사

말씀의 반석 위에 집을 세우시고
은혜 베푸시는 하나님.
여호와께서 권능의 손길로 우리 가정을 세우시고
지켜 주신 은혜로 말미암아
새로운 장막에서 기쁨으로 예배하게 하시니
감사드립니다.
이삭이 대적의 위협 속에서도

하나님의 인자와 성실을 의지하여
우물을 파는 곳마다 봇물처럼 터진
은혜의 강수를 경험했던 것처럼
우리 가정도 믿음으로 하나님을 의지할 때
폭포수와 같은 은혜가 임하는 역사를
경험하게 하옵소서.
새로운 환경에서 모두가 잘 적응할 수 있도록
육신의 건강을 주옵소서.
새롭게 만나는 이웃들에게
그리스도의 향기를 전할 수 있는 가정으로 세워주시고
하나님께 항상 복을 받는 가정이라
칭찬받는 가정되게 하옵소서.
의인들의 장막에 기쁜 소리가
끊어지지 않을 것이라 약속하신 하나님,
새로운 장막에서 시작하는 첫 예배를
기쁘게 받아주시고
기도와 찬양이 끊어지지 않는 가정 되게 하옵소서.
터를 잡는 곳 어디에서나 함께하시며
은혜 베푸시기 원하시는
예수 그리스도의 이름으로 기도드립니다.
아멘.

어린이날

새 생명을 주시고 장성한 분량에 이를 때까지
자라게 하시는 하나님.
우리 가정에 00을(를) 선물로 주시고
지금까지 강건하게 세워 주신 하나님의 은혜를
찬양합니다.
오직 하나님만이 00이(가) 살아가는 삶의
유일한 주관자가 되신다는 믿음이
더욱 깊어지게 하옵소서.
키와 몸무게가 잘 자랄 수 있도록 몸의 건강을 주시고
하나님을 알아가는 지혜와 지식이
더욱 부요해질 수 있도록 성령의 충만함을 주옵소서.
00을(를) 양육하는 우리 부모에게
하나님의 마음과 그리스도의 사랑을 더하셔서
00을(를) 믿음으로 잘 키울 수 있게 하옵소서.
어린아이 한 명을 세우시고
어린아이와 같이 되지 아니하면
결단코 천국에 들어갈 수 없다고 선언하신
그리스도의 말씀을 항상 기억하게 하옵소서.
부모인 우리는 자녀를 노엽게 하지 말고
오직 주의 교훈과 훈계로 양육할 수 있는

믿음을 주시며
00은(는) 부모를 공경하며 순종할 수 있는
온유함과 겸손함을 주옵소서.
우리 가정의 기업이자 상급으로 00을(를) 허락하신
예수 그리스도의 이름으로 기도드립니다.
아멘.

어버이날

자격 없는 우리를 은혜로 부르시고
아비의 마음을 주사 부모로 세우신
하나님의 은혜를 찬양합니다.
우리에게 먼저 믿음을 주시고
하나님을 알아가는 지식을 향한 열심을 주셔서
믿음의 가정을 세우게 하시니 감사드립니다.
부모인 우리가 먼저 하나님을 더욱 사랑하는 삶을
살아가게 하옵소서.
입술의 고백으로 그치지 않게 하시고
믿음이 담긴 삶의 모습으로
자녀를 양육하게 하옵소서.
우리의 자녀들이 평생 하나님 여호와를 경외하며

하나님께서 주신 모든 말씀을 지킬 수 있는
믿음을 가질 수 있도록 기도하는 부모 되게 하옵소서.
여호와의 말씀을 듣고 지키는 것만이
하나님께 복을 받을 수 있는 유일한 길임을 기억하고
마음을 다하고 뜻을 다하며 힘을 다하여
하나님을 사랑하는 우리가 되게 하옵소서.
성령께서 하나 되게 하신 우리 가정을 위해
항상 기도하는 부모 되게 하시고
가족 모두는 서로 사랑하며 인내하게 하옵소서.
이 모든 일에 앞장 서 본을 보이는
부모가 되게 하옵소서.
말씀의 반석 위에 우리 가정을 세우기 원하시는
예수 그리스도의 이름으로 기도드립니다.
아멘.

설

새해를 주시고 풍성한 은혜를 약속하신 하나님.
하나님께서 허락하신 산 소망으로
온 가족이 한자리에 둘러앉아
예배로 새해를 시작하게 하신 은혜에 감사드립니다.

시냇가에 심은 나무가 철을 따라 열매를 맺으며
잎사귀가 마르지 아니함 같은 형통함을
우리 가정에 허락하여 주옵소서.
하나님께서 주신 말씀 위에
우리 가정을 세워 주신 은혜를 기억하고
올 한 해를 지내며
더욱 믿음이 깊어지고 견고해지는 열매로
하나님께 영광 올려드리게 하옵소서.
부모는 자녀에게 마땅히 행할 바를 가르칠 수 있도록
지혜와 삶의 신실함을 주시고
자녀는 부모를 공경하며 순종하는 자리에서
항상 복을 받게 하옵소서.
믿지 않는 가족에게 복음이 심겨지게 하시고
육신의 연약함을 가진 가족에게
치유의 광선을 비추어주셔서
올 한 해가 마무리될 때는 감사의 제목 가득 안고
하나님께 기쁨의 찬미를 드리는
믿음의 가정 되게 하옵소서.
우리 가정에 친히 산 소망이 되어 주신
예수 그리스도의 이름으로 기도드립니다.
아멘.

추석

풍요로운 결실의 은혜를 허락하신 하나님.
하나님께서 우리 가정을
믿음의 끈으로 하나 되게 하시고
결실의 계절을 주신 하나님의 은혜를
한 입술로 찬양하게 하시니 감사드립니다.
만물이 익어가는 계절의 중심에
예배로 모인 우리 가정이
겸손함으로 하나님을 섬기고
이웃을 사랑하게 하옵소서.
아름답게 익어가는 오곡백과를 보며
하나님의 신실하심을 찬양하게 하시고
우리 가정의 모든 기쁨과 슬픔, 성공과 실패가
하나님께 있음을 고백하게 하시며
풍성한 은혜로 인도하시겠다고 약속하신 언약을
붙들고 감사하게 하옵소서.
믿음으로 예배하는 우리 가족의 건강을 지켜주시고
구원의 복된 소식이 믿지 않는 가족들에게도
전달되는 은혜를 주옵소서.
여호와의 집에 심긴 우리 가정이
종려나무같이 번성하며

레바논의 백향목같이 성장하게 하옵소서.
추석 명절을 맞이해서 온 가족이 함께 교제할 때
하나님께서 예비하신 기쁨과 감사를 나누는
시간 되게 하옵소서.
우리 가정의 간구를 들으시고 응답하기 원하시는
예수 그리스도의 이름으로 기도드립니다.
아멘.

가정예배 대표기도문

주중 가정예배 대표기도문 ①

남자가 부모를 떠나 아내와 연합하여
한 몸, 한 가정을 이루게 하신 하나님.
우리 가정이 하나님만 바라보며 예배할 수 있는
믿음의 가정으로 세워 주신 은혜에 감사드립니다.
분주한 일상 중에도
가정예배로 모일 수 있는 환경을 허락해주시고
가정예배를 통해서 서로를 돌아보며
중보하고 말씀으로 믿음을 견고히 할 수 있도록
인도해주신 하나님의 신실하심을 찬양합니다.

건축한 가옥에서 살며 각종 실과를 심고
열매를 먹을 수 있으리라 약속하신 말씀을
항상 기억하는 가정되게 하옵소서.
우리 가족이 주어진 시간 동안
각자의 자리에서 수고의 땀을 흘리게 하옵소서.
사회 일선에서 수고하는 가족에게 건강 주시고
학업 중인 가족에게 지혜와 명철을 주옵소서.
하나님께서 우리 가족의 마음에 두신 기쁨은
곡식과 새 포도주가 풍성할 때보다
비교할 수 없음을 고백합니다.
가정예배로 모인 우리 가족이 말씀을 대하고
서로를 위해 사랑으로 중보할 때
안전히 살게 하시는 여호와께서
우리 가족이 평안히 눕고 잘 수 있는
샬롬을 허락하여 주옵소서.
우리 가정을 항상 지키시고 보호하시는
예수 그리스도의 이름으로 기도드립니다.
아멘.

주중 가정예배 대표기도문 ②

우리 가정을 믿음으로 하나 되게 하시고
모든 여정을 지도하시는 신실하신 하나님.
가정예배로 우리 가족이 함께 모여
손을 들고 하나님을 송축할 때
천지를 지으신 여호와께서 복을 주시겠다고
약속해 주시니 감사드립니다.
하나님께서 자기 이름을 위하여
우리 가정을 부르시고 믿음을 주시니
온 가족이 하나님께서 주신 사명을
충성스럽게 감당할 수 있도록
독수리 날개 쳐 오름과 같은 새 힘을
날마다 공급하여 주옵소서.
하나님을 알아가는 기쁨을 최우선으로 삼는
믿음의 가정 되게 하시고
기도할 때 응답 주시는 하나님의 전능하신 손길을
항상 경험하게 하옵소서.
부모와 자녀 각자에게 맡겨주신 역할에
최선을 다할 수 있도록 신원을 강건케 하옵소서.
이웃을 사랑하며 섬기는 가정 되게 하시고
믿지 않는 이들에게 입술과 삶으로
복음을 전하게 하옵소서.
영원토록 변함없는 선하심과 인자하심으로

우리 가정을 안아주시는 하나님께 항상 감사하는
믿음의 가정 되게 하옵소서.
우리에게 은혜를 베푸시기 원하시는
예수 그리스도의 이름으로 기도드립니다.
아멘.

주일 가정예배 대표기도문 ①

세상이 줄 수 없는 참 평안과 안식을 주시는 하나님.
영과 진리로 예배하는 우리 가정에
하늘의 신령한 복으로 채워주시고
하나님께서 주신 말씀대로 살아가기로
결단할 수 있는 믿음을 주셔서 감사드립니다.
여호와를 의지하는 자는 시온산이 흔들리지 않고
영원히 있음같이
예배하는 우리 가정을 지금부터 영원까지
권능의 팔로 붙들어 주옵소서.
주일을 구별하여 하나님께 올려드리는
우리 가정의 믿음을 반석 위에 굳게 세워 주시고
우리 가족이 살아가는 모든 일상도
하나님께 구별하여 올려드리는

온전한 그리스도인이 되게 하옵소서.
하나님께서 집을 세우지 아니하시면
세우는 자의 수고가 헛되고
여호와께서 성을 지키지 아니하시면
파수꾼의 깨어 있음이 헛되다는
솔로몬의 시를 항상 마음에 새기고
하나님만 의지하는 가정 되게 하옵소서.
참 안식으로 기쁨을 누리는 주일을 허락해 주시고
가정예배로 온 가족이 함께 모여 앉을 수 있는
은혜를 주셔서 감사드립니다.
이 자리에 둘러앉은 모든 이들이
하나님께서 주신 선물임을 잊지 않게 하시고
항상 서로를 위해 중보하며
사랑으로 세워가게 하옵소서.
우리 가정의 유일한 도움이신
예수 그리스도의 이름으로 기도드립니다.
아멘.

주일 가정예배 대표기도문 ②

평안과 형통함을 약속하신 하나님.

주일을 온전하게 지킨 우리 가정이
다시 한번 하나님의 은혜를 간구하며
가정예배로 모일 수 있도록
믿음을 주셔서 감사드립니다.
하나님께서 베풀어 주신 은혜를 누리기 소망하며
온 가족이 여호와 하나님만 바라봅니다.
우리 가정에 은혜를 베푸시고
또 은혜를 베풀어 주옵소서.
이제 다시 우리 가족이 하나님께서 부르신
일상을 향해 나아갑니다.
가정과 학교, 직장과 사업장에서도
하나님의 영광을 드러내는 삶을 살게 하옵소서.
만나는 모든 이웃, 동료들에게
그리스도의 향기를 전하며 살게 하옵소서.
가족 모두에게 지혜와 명철을 주시고
육의 건강도 허락하여 주옵소서.
믿음이 연약한 이에게
심지의 견고함을 허락하여 주시고
아직 그리스도를 영접하지 않은 가족에게
믿음과 확신을 주셔서
온 가족이 영생의 기쁨을 누리게 하옵소서.
우리 가정의 출입을

지금부터 영원까지 지키시는 하나님을
항상 찬양하는 가정 되게 하옵소서.
우리 가정의 길이요 진리요 생명이신
예수 그리스도의 이름으로 기도드립니다.
아멘.

부록

가정예배 가운데 누려온 은혜 나눔

정원이네

우리에게 가정예배란 우리의 삶 속에서 모든 것을 다 스리시고, 어디든지 함께하시며, 언제나 변치 않으시는 하나님을 더 깊이 교제하며 만날 수 있는 귀한 은혜의 시간입니다.

우리 가족은 일상을 마치고 저녁 시간이 되면 다 함께 모여 기도를 하고, 찬양을 부르고, 그날 각자 하루 일과를 어떻게 보냈는지 이야기합니다. 그 나눔을 통해 하루 일을 반성하기도 하고, 또 하나님이 늘 우리와 함께하신다는 사실을 실감하고는 합니다. 우리의 작은 문제 하나하나까지도 하나님이 관여하신다는 것을 알게 되니, 말로만 듣던 '일상의 예배'가 얼마나 중요한 것인지를 새삼 느끼게 됩니다.

사실 우리 가정은 신앙생활을 시작한 지 그리 오래 되지 않았습니다. 10년 전 우리 아이가 분만 사고로 인해 뇌병변 장애를 갖고 태어나면서 우리는 늘 걱정과 불안을 가지고 살아왔습니다. 아이를 품에 안고 온갖 치료실과 병원을 전전긍긍하며 뛰어다니던 시절에는 오로지 아이를 낫게 해야 한다는 절박함만 있었을 뿐 그 어떤 것에도 관심을 두지 못했습니다. 그러나 그렇게 수년이 지나가도 지치기만 할 뿐이었습니다. 그러던 중 아이의 치료사 선생님, 활동 보조 선생님 등 만나게 된 많은 신앙인들과 주변에 일어나는 모든 일들이 우리 가족을 교회로 이끌었습니다. 교회 장애인 부서에서 즐거워하는 아들을 보면서 우리도 점점 믿음을 키워가게 되었고, 늘 절망감 속에서 살아가던 우리가 하나님의 인도하심으로 그것을 극복할 힘을 얻게 되었습니다. 아이의 장애를 통해 우리 가족을 구원하시고, 하나님의 자녀로 살게 하신 것을 이제는 믿어 의심치 않습니다.

이렇게 예배를 사모하는 마음을 갖게 되었지만, 2020년 코로나19에 의해 교회 출입이 통제되고 모든 훈련과 모임이 취소되는 상황이 오면서 많은 변화가 있었습니다. 한동안 아예 교회를 가지 못하고 온라인으로만 예배를 드려야 하는 기간도 있었고, 현장 예배가 재개되어도 인원 제한과 격주 참석 등의 많은 제약이 따랐습니다. 온라인 예배를 제대로 활용하시는 분들도 많이 계시지만, 우리는 그것이 쉽지 않았습니다. 집에서는 특히 아이가 예배 화면보다 다른 것에 관심을 가져서 예배에 집중할 수가 없었습니다. 그러다 보니 그날 말씀이 무슨 내용이었는지 서로 이야기하게 되고 묵상 내용을 나누게 되면서 자연스럽게 가정예배를 시작하게 되었습니다.

처음 가정예배를 할 때는 무엇을 어떻게 해야 할지 막막해서 큐티 책자에 나오는 가정예배지를 보고 그대로 읽었습니다. 예배를 사모하여 막상 시작하긴 했지만 익숙지 않다 보니 다소 형식적이고 수동적인 모습이 될 수밖에 없었습니다. 그러다가 조금씩 각자의 묵상 내용을 나누는 빈도가 높아졌고, 지금은 그것이 주를 이루게 되었습니다.

저는 주일학교 초등부 교사로 섬기고 있고, 남편은 장애인 부서에서 설교에 필요한 그림을 그리고 있습니다. 그렇게 서로 매주 말씀을 읽고 묵상을 하다 보니 자연스럽게 나눔 중심의 가정예배가 된 것입니다. 물론 처음엔 생략하고 넘어갔던 찬양도 지금은 직접 악기까지 다루면서 하고 있습니다. 부족한 실력이지만 악기를 배우며 찬양하는 것 또한 정말 즐거운 일이 아닐 수 없습니다.

그리고 가정예배의 유익 중에서도 특히 기쁜 것은 우리 아이의 변화입니다. 이것저것 하며 놀고 싶지만 혼자서는 할 수 없기 때문에 늘 엄마, 아빠에게 해달라고 투정을 자주 부렸습니다. 저희 부부가 일을 마치고 저녁에 집에 오면 고단함에 쉬고 싶어서 아이와 자주 대화하지도 못했습니다.

항상 엄마, 아빠가 하는 것을 뒤에서 쳐다보기만 하던 아이에게 찬양은 놀이와도 같았고, 말씀은 동화책과도 같았습니다. 게다가 엄마, 아빠의 이야기를 함께 듣고, 나눔에 동참할 수 있다는 사실이 아이에겐 정말 행복한 일상이 되었습니다. 물론 지금도 우리 아이는 하고 싶은 것 때문에 가끔씩 투정을 부립니다. 그러나 가정예배를 드리고 난 후로는 아이의 믿음이 더욱 자라나고 엄마, 아빠의 타이름을 잘 듣고 양보할 줄 아는 모습을 가지게 되었습니다. 가족 간의 대화가 부족한 요즘에는 가족의 유대감을 높이는 데 가정예배만한 것이 없는 것 같습니다.

이렇게 우리 가정은 가정예배를 통해 내적인 변화가 생기고, 은혜와 사랑이 넘쳐나게 되었습니다. 그리고 가정예배는 우리 가족을 사랑으로 단단히 묶어주는 끈이 되었습니다. 가정예배를 통하여 예수님의 한없는 사랑을 깨닫고 신앙이 깊어질수록 이웃에 대한 사랑 역시 커지게 되었습니다.

우리가 하루하루를 감사하며 참된 그리스도인으로 살면 하나님께서는 우리 가정의 고난과 위기를 기쁨과 기회로 바꿀 힘을 우리에게 주심을 믿습니다. 그리고 기적은 다른 것이 아니라 우리가 살고 있는 삶 그 자체라는 것을 가정예배의 은혜를 통해 깨닫게 되었습니다.

가정 예배를 통하여 하나님께서 우리 가정에 큰 위로와 평안을 주심에 감사드립니다.

앞으로도 가정예배를 통해 하나님께서 주실 은혜와 축복을 기대합니다.

예준이네

결혼 전 청년 때부터 하나님을 믿는 가정을 이룰 수 있게 해달라고 하나님께 항상 기도를 드렸는데, 전도하여 믿게 해주신 소중한 아내와 함께 믿음의 가정으로 세워주시고, 또 우리 가정에 귀한 생명 보내주셔서 아들 예준이와 함께 세 식구가 가정예배를 드릴 수 있도록 인도해 주신 하나님께 먼저 감사드립니다.

예전에도 QT말씀과 받은 은혜를 간략히 나누는 정도로 가끔씩 아내와 가정예배를 드렸으나, 코로나가 시작된 2020년 초부터는 코로나 상황과 아이의 출산, 회사일 등 여러 가지 힘든 일들이 겹치면서 힘들고 바쁘고 피곤하다는 핑계로 가정예배를 소홀히 하게 되었고, 또한 현장 예배와 교회 소모임 나눔도 힘들어져서 신앙적으로도 미지근하고 무기력한 모습으로 지내오고 있었습니다.

 그 때 당시 매일 매일 반복되는 힘든 일상에 아내의 사업 준비와 처음 경험해보는 육아, 생각지 못한 문제들로 정신없이 살아가다 보면, 아침 출근길에 묵상했던 말씀은 금세 잊어버리고, 하나님을 생각하지 못한 날이 많았던 것 같습니다.

 그러던 중 2020년 7월 초 서현교회 가정예배 준비학교를 신청하게 되었고, 가정예배 준비학교의 3주 동안의 강의를 통해 더더욱 가정예배의 중요성과 필요성을 깨닫고 다시금 가정예배를 시작하게 되었습니다.

 가정예배를 다시금 시작하게 되면서 주중 가정예배를 하는 날이면 말씀을 통해 요즘 무엇 때문에 더욱 지치고 힘들었는지 서로의 나눔을 통해 가족의 상황을 알게 되고, 그런 힘든 상황을 놓고 기도하다 보면 어느새 서로에 대한 이해와 사랑이 생겨났고 문제를 넘어 모든 것을 책임지시고 함께 하시는 하나님께서 주시는 평안과 위로를 받게 됩니다.

 또한 가정예배를 드리면서 하나님 나라와 우리 가족을 위해 살아갈 새 힘을 얻게 되는 것을 많이 경험하게 되었고, 가정예배를 드릴 때마다 항상 깨닫게 되는 한 가지는 하나님께서 세워주신 우리 가정이야말로 가장 큰 은혜임을 깨닫게 되며 하나님의 부르심을 생각하게 됩니다.

가정예배야말로 하나님께서 우리 가족에게 바라시며 기뻐하시는 진정한 예배의 모습이라고 생각하며 앞으로도 가정예배를 통해 문제를 넘어 우리 가정에 기쁨과 사랑을 부어주실 하나님의 은혜가 기대됩니다.

예영, 예성이네

중학교 2학년 때 나와 친정의 모든 가족들은 전적인 하나님의 은혜 가운데 예수님을 구주로 영접하며 신앙생활을 하게 되었습니다. 시골의 작은 교회였지만 하나님의 은혜가 가득한 곳이었습니다. 부모님께서는 예배를 소중히 여기시는 분이셨고 수요일이면 시골의 바쁜 모든 일들을 오전 중으로 마무리하시고 오후 시간부터는 수요예배 드릴 준비를 하셨고 금요일이면 구역예배가 있기에 역시 오후 일찍부터는 예배드리러 갈 준비를 하셨습니다. 주일은 예배 30분 전에 가셔서 기도로 예배를 사모하며 준비하셨던 부모님이셨습니다.

자녀들에게도 동일하게 당신들처럼 해야 된다고 한 번도 말씀하지 않으셨지만 감사하게도 우리 남매들은 부모님의 뒷모습을 본받으며 성장해 올 수 있도록 하나님께서 크신 은혜로 인도해주셨습니다. 결혼 후 신명기 6장 4-5절 말씀을 언약으로 붙잡고 두 아이가 아기일 때부터 가정예배를 드렸습니다. 내 힘과 의지가 아닌 전적인 성령 하나님의 은혜로 하나님의 말씀을 사모하였고 그 언약의 말씀을 자녀들에게도 잘 전달하고 싶은 간절함이 있었습니다. 매일의 삶이 예배자의 삶으로 살아가길 소망하였기에 그 시작의 축복이 가정예배였던 것 같습니다. 물론 지속하기는 쉽지 않았고 자녀들이 중3, 중1이 된 이 시점에서도 여전히 쉽지 않습니다. 그럼에도 불구하고 지켜가야 될 부모인 저희에게 주신 사명이라고 생각하고, 무너지면 또다시 도전하기를 수차례 반복하며 지내왔습니다. 예배의 형식을 찾아가는 것이 여전히 숙제이지만 감사하게도 그 모든 시간의 몸부림은 자녀들이 하나님을 사랑하고 예배를 사랑하고 교회를 너무 사랑하는 자녀들로 자라가고 있습니다.

코로나19라는 예상치 못한 어려운 때를 지나면서 더욱더 가정과 교회가 함께 연합되어 다음 세대들에게 언약 전달자의 사명을 잘 감당해 갈 수 있기를 기도합니다. 저희 가정은 주일 가정예배 때는 주일 예배를 통해 부모인 저희에게 주셨던 말씀을 전달해주고 자녀들은 중등부 예배 때 주셨던 말씀을 함께 나누면서 한 주간 기도제목을 정리합니다. 평일은 수요예배, 금요예배 같은 공적인 예배가 없는 요일은 하루에 정해진 성경읽기를 함께 읽으면서 가정예배를 드리고 있습니다. 이 또한 지속이 어렵지만 마땅히 지켜나가야 될 것이기 때문에 오늘도 하나님께 은혜 주시기를 간절히 소망하며 기도합니다.

가정이네(익명)

부모님은 캄보디아에서, 저희 부부는 청주에서, 그리고 남동생은 서울에서 종종 온라인으로 가정예배를 드리고 있습니다. 코로나로 인해 공동체 모임이 거의 없는 이 시기에 영상통화 예배로 함께 말씀을 묵상하고 교제할 수 있어서 참 감사합니다. 저는 선교사 자녀로 자랐기 때문에 가정예배는 아주 자연스러운 시간으로 느껴집니다. 왜냐하면 어렸을 적 저희 가족 중에 누군가가 먼저 제안하지 않아도, 특별한 이유가 있지 않은 이상 모두가 거실에 모여 있었고, 그곳에서 아버지가 성경책을 들고 "우리 예배드리자"라고 말씀하시면 하던 일을 멈추고 저희는 함께 예배를 드리곤 했습니다. 당장 다음 달 학비를 어떻게 내야할지 막막한 날에도, 갑작스러운 정전으로 인해 칠흑같이 어두워진 때에도 촛불을 밝히고 예배를 드리는 것이 일상이었기 때문에 저와 동생에게 있어서 예배는 삶의 일부처럼 자연스럽게 느껴졌습니다. 저희 부부도 추후 미래에 만나게 될 아이들이 예배가 일상이 되길 바라는 마음에 가정예배를 결단하였습니다.

가정예배를 통해 제가 받은 은혜를 나누고자 합니다. 우선, 선교사 자녀로서의 삶을 허락하심에 감사할 수 있게 되었습니다. 어릴 때는 샤워하고 나오면 바로 땀이 나는 동남아의 더운 날씨, 맛있는 한국 음식을 먹을 수 없다는 것, 그리고 이동수단이 매우 불편하다는 점 등등 선교지 생활의 많은 부분이 불만이었습니다. 그러나 나이가 들면서, 그 누구도 알아주지 않는 곳에서 일면식도 없는 사람들을 위해 모든 것을 내려놓고 먼저 섬기는 부모님이 대단해 보였습니다. 또한 가정예배 때 자녀들에게 가르치신 대로 삶을 사시는 부모님이 존경스러웠습니다. 목회자와 그 자녀의 삶에는 재정적 어려움이 그림자처럼 따라다니지만, 때에 따라 채워 주시는 아버지 하나님의 은혜를 피부로 직접 경험할 수 있는 복된 자리였던 것 같습니다.

또한, 주님께서 제 기도를 듣고 응답하신다는 것을 알게 하셨습니다. 예배순서에서 모두가 가장 활발하게 참

여하는 시간은 기도제목을 나누는 시간입니다. 가족 구성원 각자가 최근 가장 고민하는 부분이 무엇인지, 소망하며 기도하는 바가 무엇인지, 그리고 말씀을 통해 깨달은 바가 무엇인지 가장 잘 나타나는 시간입니다. 이때 어머니는 항상 작은 공책을 꺼내 그곳에 기도제목을 적으셨고, 추후 하나님께서 어떻게 응답하셨는지도 기록하셨습니다. 종종 그 내용을 나눠주시곤 하시는데, 나의 노력에 대한 당연한 결과인 양 오만함에 빠질 때마다 하나님께서 하셨음을 다시금 깨닫게 됩니다.

마지막으로, "부모님의 하나님"이 아닌 "나의 하나님"이라고 고백할 수 있게 되었습니다. 가정예배의 가장 큰 장점은 본인이 가장 믿고 의지하고 사랑할 수 있는 사람들과 더 깊고 진솔한 이야기를 나눌 수 있다는 점인 것 같습니다. 비판적인 사고가 정립되기 전에는 당연하게 받아들였던 설교 말씀에 대해 나이가 들면서 많은 의문점이 생겨났는데, 교회 목사님과 주일학교 선생님에게 물어보기 어려운 질문들도 많았습니다. 아버지는 가정예배 이후 저의 의심 어린 질문에 온화한 태도로 대답해주셨고, 종종 저에게 반문하시며 스스로 고민해볼 여지를 남겨주셨습니다. 이렇게 문답의 과정으로 저는 의문의 빈칸을 채워나갈 수 있게 해주셨고, 덕분에 거부감 없이 하나님과의 교제가 어떻게 이루어져야 하는지 배울 수 있었습니다.

자녀 양육의 최종목표는 자녀를 예수께로 데려가는 것이고, 이 목표를 위해 부모에게 권위를 허락하셨습니다. 그리고 이러한 자녀 양육의 중심 초점은 복음이라는 것을 기억해야 합니다. 이와 같은 성경적 자녀 양육의 전제를 기반으로, 저희 부모님이 그러하셨듯이 가정예배를 통해 앞으로 미래에 하나님께서 허락해주신다면 만나게 될 사랑스러운 자녀를 양육하고 싶습니다.

가정예배 결심서

예수 그리스도를 주인삼고
말씀의 반석 위에 굳게 선 우리 가정을
믿음 안에서 견고히 세워가는 가운데
우리 가족 모두가
이 세상에서 미리 천국을 경험하기를 소망합니다.
그래서 우리 가족은
이제부터 정기적으로 예배를 드림으로
성삼위 하나님께 기쁨이 될 것을 서약합니다.

예배 시작일시 :

예배 횟수 : 주   회 이상

가정예배 구성원

_____ (서명)
_____ (서명)
_____ (서명)
_____ (서명)
_____ (서명)

이 결심을 삼위하나님 앞에서
거룩함과 성실함으로 지키겠습니다.

20 년 월 일

영적 가장을 위한 말씀 묵상지 (설화체와 강화체)

- 설화체

그를 번제로 드리라 (창 22:1-14)

본문을 5-10회 정독해 보십시오.

1 그 일 후에 하나님이 아브라함을 시험하시려고 그를 부르시되 아브라함아 하시니 그가 이르되 내가 여기 있나이다

2 여호와께서 이르시되 네 아들 네 사랑하는 독자 이삭을 데리고 모리아 땅으로 가서 내가 네게 일러 준 한 산 거기서 그를 번제로 드리라

3 아브라함이 아침에 일찍이 일어나 나귀에 안장을 지우고 두 종과 그의 아들 이삭을 데리고 번제에 쓸 나무를 쪼개어 가지고 떠나 하나님이 자기에게 일러 주신 곳으로 가더니

4 제삼일에 아브라함이 눈을 들어 그 곳을 멀리 바라본지라

5 이에 아브라함이 종들에게 이르되 너희는 나귀와 함께 여기서 기다리라 내가 아이와 함께 저기 가서 예배하고 우리가 너희에게로 돌아오리라 하고

6 아브라함이 이에 번제 나무를 가져다가 그의 아들 이삭에게 지우고 자기는 불과 칼을 손에 들고 두 사람이 동행하더니

7 이삭이 그 아버지 아브라함에게 말하여 이르되 내 아버지여 하니 그가 이르되 내 아들아 내가 여기 있노라 이삭이 이르되 불과 나무는 있거니와 번제할 어린 양은 어디 있나이까

8 아브라함이 이르되 내 아들아 번제할 어린 양은 하나님이 자기를 위하여 친히 준비하시리라 하고 두 사람이 함께 나아가서

9 하나님이 그에게 일러 주신 곳에 이른지라 이에 아브라함이 그 곳에 제단을 쌓고 나무를 벌여 놓고 그의 아들 이삭을 결박하여 제단 나무 위에 놓고

10 손을 내밀어 칼을 잡고 그 아들을 잡으려 하니

11 여호와의 사자가 하늘에서부터 그를 불러 이르시되 아브라함아 아브라함아 하시는지라 아브라함이 이르되 내가 여기 있나이다 하매

12 사자가 이르시되 그 아이에게 네 손을 대지 말라 그에게 아무 일도 하지 말라 네가 네 아들 네 독자까지도 내게 아끼지 아니하였으니 내가 이제야 네가 하나님을 경외하는 줄을 아노라

13 아브라함이 눈을 들어 살펴본즉 한 숫양이 뒤에 있는데 뿔이 수풀에 걸려 있는지라 아브라함이 가서 그 숫양을 가져다가 아들을 대신하여 번제로 드렸더라

14 아브라함이 그 땅 이름을 여호와 이레라 하였으므로 오늘날까지 사람들이 이르기를 여호와의 산에서 준비되리라 하더라

이해를 돕기 위한 사역

- 본문 12절을 통해서 하나님께서 아브라함의 믿음을 인정해주시고 축복해주시는 것을 확인할 수 있습니다.

- 그 아이에게 손을 대지 마라. 결코 건드리지 마라. 네가 나를 믿는 믿음으로 너의 사랑하는 아들도 아낌없이 바치려고 하였으니 네가 하나님을 어마나 경외하는지 이제 내가 분명히 알겠다.

- 여호와이레 - '여호와께서 준비하신다'는 의미를 가지고 있는 이 단어는 구약성경에서 본문 14절에 단 한 번 나옵니다.

---

① 정독한 후 이해한 본문을 나의 말로 기록해 보십시오.
(본문요약, 정독 후 느낀 점, 앞으로 이어지는 적용 모두 적어봅시다.)

② 주신 교훈을 통해서 오늘 하루 결단할 수 있는 기도문을 한 문장으로 작성해 보십시오.

③ 《매일 10시 한마음 기도》 우리가 섬기는 교회를 위해 기도하고 마무리하십시오.

묵상을 위한 가이드

· 이삭을 제물로 드리라는 하나님의 명령은 순종하기 어려운 시험임에 틀림없습니다. 그러나 익숙한 고향 땅을 떠나라는 명령에 믿음으로 순종해서 지금까지 인도함을 받았던 아브라함은 이삭을 통해서 성취될 하나님의 언약을 기억하며 믿음으로 순종합니다.

· 시험의 정점, 번제를 드리기 위해 칼을 드는 순간 하나님은 극적으로 아브라함을 만류하시고 예비된 숫양 한 마리를 통해 희생 제사를 드리게 하십니다. 그동안 받은 언약의 성취를 기억하고 앞으로 받게 될 은혜를 소망함으로 시험에 통과한 아브라함에게 하나님께서 아브라함의 믿음을 인정해주시고 주신 모든 언약을 성취시켜 주시겠다고 약속하십니다.

- 강화체

십자가의 복음을 전하는 삶을 살게 하옵소서
(롬 1:8-17)

본문을 5-10회 정독해 보십시오.

8 먼저 내가 예수 그리스도로 말미암아 너희 모든 사람에 관하여 내 하나님께 감사함은 너희 믿음이 온 세상에 전파됨이로다

9 내가 그의 아들의 복음 안에서 내 심령으로 섬기는 하나님이 나의 증인이 되시거니와 항상 내 기도에 쉬지 않고 너희를 말하며

10 어떻게 하든지 이제 하나님의 뜻 안에서 너희에게로 나아갈 좋은 길 얻기를 구하노라

11 내가 너희 보기를 간절히 원하는 것은 어떤 신령한 은사를 너희에게 나누어 주어 너희를 견고하게 하려 함이니

12 이는 곧 내가 너희 가운데서 너희와 나의 믿음으로 말미암아 피차 안위함을 얻으려 함이라

13 형제들아 내가 여러 번 너희에게 가고자 한 것을 너희가 모르기를 원하지 아니하노니 이는 너희 중에서도 다른 이방인 중에서와 같이 열매를 맺게 하려 함이로되 지금까지 길이 막혔도다

14 헬라인이나 야만인이나 지혜 있는 자나 어리석은 자에게 다 내가 빚진 자라

15 그러므로 나는 할 수 있는 대로 로마에 있는 너희에게도 복음 전하기를 원하노라

16 내가 복음을 부끄러워하지 아니하노니 이 복음은 모든 믿는 자에게 구원을 주시는 하나님의 능력이 됨이라 먼저는 유대인에게요 그리고 헬라인에게로다

17 복음에는 하나님의 의가 나타나서 믿음으로 믿음에 이르게 하나니 기록된 바 오직 의인은 믿음으로 말미암아 살리라 함과 같으니라

이해를 돕기 위한 사역

· 복음을 끊임없이 전하기 원하는 바울의 갈망은 본문 15-17절에서 확인할 수 있습니다.

· 나의 간절한 소망은 로마에 있는 여러분에게도 복음을 전하는 것입니다. 사람들은 십자가를 부끄러워합니다. 하지만 나는 결단코 십자가의 도를 부끄러워하지 않습니다. 십자가의 도는 믿는 모든 사람에게 구원을 주시는 하나님의 능력이 되기 때문입니다. 유대인이든 헬라인이든 상관없습니다. 십자가의 도로 변화된 의인은 하나님을 믿는 믿음으로 살기로 결단해야 합니다.

· 나는 할 수 있는 대로 - 바울이 가진 뜨거운 소원을 표현한 말입니다.

① 정독한 후 이해한 본문을 나의 말로 기록해 보십시오.
（본문요약, 정독 후 느낀 점, 앞으로 이어지는 적용 모두 적어봅시다.）

② 주신 교훈을 통해서 오늘 하루 결단할 수 있는 기도문을 한 문장으로 작성해 보십시오.

③ ≪매일 10시 한마음 기도≫ 영육간에 연약한 성도들과 주일예배를 위해 기도하고 마무리하십시오.

묵상을 위한 가이드

· 바울이 로마에 가기 원하는 유일한 이유는 어떤 신령한 은사를 나누어 주기 원하는 소원이 있었기 때문입니다. 그가 나누어 주기 원했던 신령한 은사는 바로 십자가의 도입니다. 십자가의 도만이 성도의 믿음을 세우고 온전하게 만들 수 있다는 것을 바울은 계속해서 강조하고 있습니다. 그러므로 바울은 십자가의 도만 전해진다면 자신의 모든 것을 포기할 수도 있다는 강렬한 소원이 내재한 상황 속에서 자신의 삶을 이어갔습니다.

· 바울은 헬라인이나 야만인 모두에게 빚이 있다고 선언합니다. 바울이 말한 빚은 자신을 구원해주신 그리스도와 관련이 있습니다. 바울은 땅 끝까지 가서 이방인들에게 십자가의 도를 전하며 이 빚을 갚기 원했습니다. 십자가의 도는 하나님께서 주시는 가장 큰 지혜입니다. 모든 믿는 자들에게 구원을 주시는 십자가의 도가 내가 서 있는 삶의 현장과 온 세계에 전해지기를 소원하는 것이 구원받은 하나님 백성의 특징입니다. 고난주간 한 주간 내내 십자가의 길을 걷는 바울의 삶을 살펴보았습니다. 바울처럼 십자가의 능력이 내 속에 날마다 충만해서 십자가의 도를 전하는 진정한 그리스도인의 삶을 사는 인생이 되기를 소망합니다.

가정예배 순서지(설화체와 강화체)

- 설화체

가정예배 4월 첫째 주
본문:사무엘상 15장 7-31절 / 제목:순종이 제사보다 낫고

은혜의 마중물 붓기 - 간단한 다과를 준비해도 좋습니다.
한 주간 매일 말씀묵상을 통해 은혜 받은 내용을 서로 나누어 보십시오.
이후에 자연스럽게 가정예배를 시작합니다.

(1) 사도신경 - 온 가족이 함께 믿음으로 신앙을 고백하며 예배를 시작합니다.

(2) 찬송가 - 추천찬송 - 찬송가 442장 '저 장미꽃 위에 이슬' / 은혜의찬양 42장 '나의 만족과 유익을 위해'

(3) 말씀 나눔
1. 정해진 본문에 구애 받지 않으셔도 됩니다. 한 주간 매일 말씀묵상을 통해 은혜 받은 가족 구성원 누구나 본문을 선택할 수 있습니다.
2. 정해진 본문을 통독 후 아래 핵심메시지를 중심으로 말씀을 나눕니다. 말씀 나눔이 어려우시면 가족 구성원이 함께 본문을 교독하거나 인도자가 낭독해도 좋습니다.

(4) 가족 기도제목 - 말씀 나눔 후 가족과 함께 기도제목을 나눕니다.

(5) 영적가장 축복기도 - 나눈 기도제목으로 영적가장이 축복하며 기도합니다.

(6) 주기도문 - 주님께서 가르쳐주신 기도로 예배를 마무리합니다.

토요일 저녁은 가정예배로!
토요일 저녁은 가정예배로 모여 온 가족이 함께 하나님께서 주신 은혜를 나누어 봅시다.

- 강화체

가정예배 4월 셋째 주
본문-로마서 1장 8-17절 / 제목-십자가의 복음을 전하는 삶을 살게 하옵소서

은혜의 마중물 붓기 - 간단한 다과를 준비해도 좋습니다.
한 주간 매일 말씀묵상을 통해 은혜 받은 내용을 서로 나누어 보십시오.
이후에 자연스럽게 가정예배를 시작합니다.

(1) 사도신경 - 온 가족이 함께 믿음으로 신앙을 고백하며 예배를 시작합니다.

(2) 찬송가 - 추천찬송 - 찬송가 154장 '생명의 주여 면류관' / 은혜의찬양 155장 '무엇이 변치 않아'

(3) 말씀 나눔
1. 정해진 본문에 구애 받지 않으셔도 됩니다. 한 주간 매일 말씀묵상을 통해 은혜 받은 가족 구성원 누구나 본문을 선택할 수 있습니다.
2. 정해진 본문을 통독 후 아래 핵심메시지를 중심으로 말씀을 나눕니다. 말씀 나눔이 어려우시면 가족 구성원이 함께 본문을 교독하거나 인도자가 낭독해도 좋습니다.

(4) 가족 기도제목 - 말씀 나눔 후 가족과 함께 기도제목을 나눕니다.

(5) 영적가장 축복기도 - 나눈 기도제목으로 영적가장이 축복하며 기도합니다.

(6) 주기도문 - 주님께서 가르쳐주신 기도로 예배를 마무리합니다.

토요일 저녁은 가정예배로!
토요일 저녁은 가정예배로 모여 온 가족이 함께 하나님께서 주신 은혜를 나누어 봅시다.

참고 도서

국내서

김기현. 『모든 사람을 위한 성경 묵상법』. 서울: 성서유니
온. 2019.

박영호. 『청교도 실천신학』. 서울: 기독교문서 선교회.
2002.

은준관. 『기독교교육현장론』. 서울: 대한기독교출판사.
1988.

이상화. 『매일 10시 한마음 기도노트』. 서울: 소그룹하우
스. 2019.

이재천. 『개인성경연구 핸드북』. 서울: IVP. 2003.

지원용. 『루터의 사상: 신학과 교육』. 서울: 컨콜디아.
1961.

번역서

Calvin, John. 『기독교강요』

Chapell, Bryan. 엄성옥 역. 『그리스도 중심의 설교』. 서
울: 은성출판사. 2016.

Conn, Harvie M. 정정숙 역. 『개혁주의 신학과 신앙』. 서
울: 예수문서 선교회. 1979.

Dawn, Marva J. 전의우 역. 『안식』. 서울: IVP. 2020.

Hodge, A. A. 김종흡 역. 『웨스트민스터 신앙고백 해설』.
서울: 크리스챤 다이제스트. 1996.

Peterson, Eugene H. 이종태 역. 『다윗 현실에 뿌리박은

영성』. 서울: IVP. 1999.

Schreyer, George M. 채위 역. 『신학과 기독교 교육』. 서울: 대한기독교 교육협회. 1970.

The General Assembly of the Church of Scotland, The Directory For Family Worship. 김준범 역. 『가정예배 모범』. 서울: 고려서원, 2003.

논문

이정관. "현대 가정의 변화가 가정에서의 청소년 기독교교육에 미치는 영향과 그 대안". 「신학과 실천」. 제 27 호. 2011.